Manuela R. Hrdlicka
Alltag im KZ

Manuela R. Hrdlicka

Alltag im KZ

Das Lager Sachsenhausen bei Berlin

Leske + Budrich, Opladen 1992

Die Deutsche Bibliothek

Hrdlicka, Manuela R.:
Alltag im KZ : das Lager Sachsenhausen bei Berlin / Manuela R. Hrdlicka. —
Opladen : Leske und Budrich, 1991
  ISBN: 3-8100-0847-8

© 1991 by Leske + Budrich, Opladen

Das Werk einschließlich aller seiner Teile ist urheberrechtlich geschützt. Jede Verwertung außerhalb der engen Grenzen des Urheberrechtsgesetzes ist ohne Zustimmung des Verlags unzulässig und strafbar. Das gilt insbesondere für Vervielfältigungen, Übersetzungen, Mikroverfilmungen und die Einspeicherung und Verarbeitung in elektronischen Systemen.

Satz: Leske + Budrich
Druck und Verarbeitung: Presse-Druck, Augsburg

Inhalt

Einleitung 9

I. Das System der Konzentrationslager im NS-Staat. Ein Überblick 13
1. Die nationalsozialistische Machtübernahme 13
2. Ausschaltung der politischen Opposition in Deutschland 22
3. Der KZ-Staat Heinrich Himmlers 28
4. Die Häftlinge 34

II. Das Konzentrationslager Sachsenhausen 39
1. Der Aufbau des Stammlagers 39
2. Unterkünfte und Lagerorganisation 47

III. Leben im Lager 57
1. Ankunft 57
2. Die Entpersönlichung der Häftlinge 62
3. Ein Tag im Lager: Arbeit, Angst und Hunger 67
4. Kulturelle Aktivitäten 75
5. Ausbeutung durch Zwangsarbeit 78
6. Überlebensstrategien 88
7. Gemeinschaftsgefühl und Widerstand 91
8. Krankenbehandlung und Menschenversuche 100
9. Strafen und Willkür 109
10. Tod und Vernichtung 121
11. Paul Sakowski — der Henker von Sachsenhausen 134
12. Die Befreiung 137

IV. Sachsenhausen nach 1945: „Speziallager Nr. 7" 141

V. Opfer und Täter: Was ist aus ihnen geworden? 145
1. Wiedergutmachen, was nicht gutzumachen ist: Die Opfer 145
2. Die Verfolgung der Täter: Vergessen und Vergeben? 153

Literaturhinweise 157
Anhang 158
Die Nationale Mahn- und Gedenkstätte Sachsenhausen 158
Hinweise für die Fahrt zur Nationalen Mahn- und
Gedenkstätte Sachsenhausen 159

„Kaum Erreichbare, ihr!
In den Konzentrationslagern begraben
abgeschnitten von jedem menschlichen Wort
unterworfen den Mißhandlungen
Niedergeknüppelte, aber nicht Widerlegte!
Verschwundene, aber nicht Vergessene."

Bertolt Brecht

Einleitung

Terror, Gewalt und Entrechtung prägten das Dasein der Menschen in den Konzentrationslagern des nationalsozialistischen Deutschland von 1933 bis 1945. Der Lageralltag war ein ständiger Kampf der Inhaftierten gegen die Willkür der Aufseher, gegen Erniedrigung, Zwang und Todesdrohung — ein Kampf ums Überleben, aber auch ein Ringen um den Erhalt menschlicher Würde und Individualität in einer unmenschlichen Umgebung.

Heute, viereinhalb Jahrzehnte nach dem Ende der NS-Herrschaft, fällt es schwer, zu verstehen, was damals geschah — und wie es dazu kommen konnte. Art und Ausmaß der Grausamkeiten, die damals verübt wurden, überfordern unsere Vorstellungskraft. Wer kann heute noch ermessen, was es hieß, in einem KZ eingesperrt zu sein? Wer kann sich noch ein Bild von den Einzelschicksalen machen, die sich hinter der Zahl von mehr als sechs Millionen Opfern verbergen, die in den Konzentrations und Vernichtungslagern des NS-Staates umkamen? Und wer kann schließlich noch begreifen, warum die Täter ihre Untaten begingen?

Das vorliegende Buch soll helfen, ein besseres Verständnis für diese Zusammenhänge zu gewinnen, indem es den „Alltag" in einem Konzentrationslager beschreibt: die Entpersönlichung der Neuankömmlinge, die Zwangsarbeit und physische Ausbeutung der Inhaftierten, ihre Verzweiflung, den Hunger, die Krankheit und den Tod, aber auch die Solidarität der Häftlinge untereinander sowie ihren Widerstand gegen die Gewaltherrschaft der Lager-SS und ihren Kampf gegen die eigene Mutlosigkeit.

Das Konzentrationslager Sachsenhausen dient dabei nur als Beispiel: Was in diesem 1936 nördlich von Berlin errichteten KZ geschah, hat sich so oder ähnlich auch in den vielen anderen Lagern im nationalsozialistischen Machtbereich ereignet. Es geht in diesem Buch also nicht um eine Gesamtdarstellung des Lagersystems, sondern um die exemplarische Beschreibung eines Lagers und der Menschen darin. Nicht das Besondere an Sachsenhausen steht somit im Vordergrund, sondern das für Konzentrationslager allgemein Typische und Charakteristische. Demzufolge werden prominente Häftlinge, die in Sachsenhausen einsaßen und unter denen sich so berühmte Persönlichkeiten wie Pastor Niemöller, die einstigen Reichstagsabgeordneten Leber und Schneller, der ehemalige österreichische Bundeskanzler Schuschnigg und der frühere Berliner Bürgermeister Elsaß befanden, auch lediglich am Rande erwähnt; denn deren Situation im KZ war mit den Lebensbedingungen der „normalen" Gefangenen kaum vergleichbar.

Um die Eindringlichkeit und Authentizität der Darstellung zu erhöhen, wurden zahlreiche Dokumente — z.B. Augenzeugenberichte ehemaliger Häftlinge und Auszüge aus Gerichtsprotokollen — in den Band aufgenommen. Sie vermitteln einen sehr unmittelbaren Eindruck von den Leiden und Entbehrungen, denen KZ-Gefangene ausgesetzt waren und die oft bleibende Schäden hinterließen. In diesen Quellen ist aber nicht nur von den Opfern, sondern auch von den Tätern die Rede — etwa von Paul Sakowski, dem Lagerhenker von Sachsenhausen, der selbst aus den Reihen der politischen Häftlinge stammte und den erst die Umstände des Lageralltags zum ergebenen SS-Gehilfen werden ließen, der tötete, Leichen stapelte und diese im Krematorium zu Tausenden verbrannte. Sakowskis Fall, in dem aus einem ehemals engagierten Idealisten ein abgestumpfter, dahinvegetierender „Vernichtungsarbeiter" wurde, verdeutlicht auf besonders eindringliche Weise, wie Menschen an den Lebensbedingungen im Lager nicht nur körperlich, sondern auch seelisch zugrunde gehen konnten.

Die Frage bleibt jedoch: Müssen wir dies alles heute überhaupt noch wissen? Oder sollten wir nicht endlich, wie viele meinen, einen Schlußstrich unter die Vergangenheit ziehen, ihre „Bewältigung" den Historikern überlassen und im übrigen mit neuem Stolz nach vorne, in die Zukunft, blicken? Denen, die so denken und argumentieren, hat Bundespräsident Richard von Weizsäcker am 8. Mai 1985 in einer Gedenkstunde des Bundestages zum 40. Jahrestag der deutschen Kapitulation entgegnet:

„Es geht nicht darum, Vergangenheit zu bewältigen. Das kann man gar nicht. Sie läßt sich ja nicht nachträglich ändern oder ungeschehen machen. Wer aber vor der Vergangenheit die Augen verschließt, wird blind für die Gegenwart. Wer sich der Unmenschlichkeit nicht erinnern will, der wird wieder anfällig für neue Ansteckungsgefahren."

Mit anderen Worten: Was geschehen ist, läßt sich nicht wiedergutmachen. Aber damit es sich nicht wiederholt, müssen wir wissen, was geschah. Das vorliegende Buch soll einen Beitrag dazu leisten, die Erinnerung an diese Vergangenheit zu bewahren und unser Wissen darüber zu vertiefen.

I. Das System der Konzentrationslager im NS-Staat — ein Überblick

1. Die nationalsozialistische Machtübernahme

Am Mittag des 30. Januar 1933 wurde der Führer der Nationalsozialistischen Deutschen Arbeiterpartei (NSDAP), Adolf Hitler, von Reichspräsident Paul von Hindenburg zum Reichskanzler ernannt. Damit gelangte — nicht durch den einseitigen gewaltsamen Willensakt einer „Machtergreifung", sondern ganz legal, durch Machtübergabe in Cut und Zylinder — eine politische Bewegung an die Spitze der Regierungsverantwortung in Deutschland, die seit ihrer Entstehung am Beginn der zwanziger Jahre immer wieder unmißverständlich ihre Bereitschaft demonstriert hatte, Terror als Mittel der politischen Auseinandersetzung zu benutzen.

Hitlers Putschversuch 1923 in München, der Aufbau paramilitärischer nazistischer Organisationen und die Inszenierung von Saalschlachten und Straßenkämpfen mit politischen Gegnern waren schon früh erkennbare äußere Zeichen einer inneren Einstellung der Nationalsozialisten gewesen, die auf die psychische und physische Zerstörung Andersdenkender abzielte. Die Nationalsozialisten hatten damit lange vor 1933 deutlich gemacht, wie sie im Falle einer Machtübernahme mit ihren Gegnern umzugehen gedachten. Hitler selbst hatte dazu bereits 1926 in aller Deutlichkeit erklärt:

„Wenn eine Bewegung den Kampf gegen den Marxismus durchführen will, hat sie genauso intolerant zu sein wie der Marxismus selbst ist. Sie darf keinen Zweifel darüber lassen ... wenn wir siegen, wird der Marxismus vernichtet und zwar restlos; auch wir kennen keine Toleranz. Wir haben nicht eher Ruhe, bis die letzte Zeitung vernichtet ist, die letzte Organisation erledigt ist, die letzte Bildungsstätte beseitigt ist und der letzte Marxist bekehrt oder ausgerottet ist. Es gibt kein Mittelding."

Zit. nach: Wolfgang Wippermann, *Der konsequente Wahn. Ideologie und Politik Adolf Hitlers*. Mit einem Essay von Saul Friedländer, Gütersloh und München 1989.

Dementsprechend hatten Terror und Gewalt — bis hin zum Mord — den Weg der NSDAP von Anbeginn begleitet. Jeder einfache Zeitungsleser in Deutschland wußte — oder konnte zumindest wissen —, wer diese Nationalsozialisten waren, welche politischen Ziele sie verfolgten und welcher Methoden sie sich bedienten, um in den Besitz der Macht zu gelangen. Diejenigen, die Hitler zujubelten, ihn wählten und ihm schließlich zur Regierungsgewalt verhalfen, konnten deshalb nicht wirklich überrascht sein, als er sich und seinen Methoden auch nach der Machtübernahme treu blieb. Zwar gehörten seinem „Kabinett der nationalen Konzentration", das er am 30. Januar 1933 präsentierte, überwiegend Parteilose sowie Mitglieder der Deutsch-Nationalen Volkspartei (DNVP) und nur zwei Nationalsozialisten an: Wilhelm Frick, der das Reichsinnenministerium erhielt, und Hermann Göring, der als Reichsminister ohne Geschäftsbereich und zugleich als kommissarischer preußischer Innenminister fungierte. Doch das wollte, wie sich bald zeigte, nicht viel besagen.

Hindenburg und Hitler am 21. März 1933 („Tag von Potsdam")

Denn schon drei Wochen nach der Ernennung Hitlers zum Reichskanzler, als die Gefängnisse die große Zahl von Verhafteten bereits nicht mehr zu fassen vermochten, wurde damit begonnen, die ersten Konzentrationslager in Deutschland zu errichten: in Lichtenburg und Esterwegen, Börgermoor und Moringen, Dürrgoy und Heuberg, Dürrheim, Sonnenburg und Kislau — und schließlich auch in Sachsenhausen-Oranienburg. Viele Tausende von Personen wurden hier nun gefangengehalten — unrechtmäßig, nach oft völlig willkürlicher Verhaftung, aber keineswegs stillschweigend, sondern wiederum unter den Augen der Öffentlichkeit, da die Zeitungen ihre Leser ausführlich über die neuen Einrichtungen informierten.

Voraussetzung für diese rücksichtslose Ausschaltung der politischen Gegner war die Schaffung der erforderlichen Machtbasis im Polizeiapparat. Die Ernennung Hermann Görings zum — zunächst kommissarischen — Innenminister von Preußen, die noch am 30. Januar 1933 erfolgte, war dabei ein wichtiger Schritt, weil die neue Regierung sich damit die Gefolgschaft der größten und schlagkräftigsten Polizeitruppe des Reiches sicherte. Göring seinerseits verstand es geschickt, die preußische Polizei innerhalb kürzester Zeit zu einem willfährigen Instrument nationalsozialistischer Innenpolitik umzustrukturieren. Unmittelbar nach seiner Amtsübernahme berief er den NSDAP-Abgeordneten im Preußischen Landtag, SS-Gruppenführer Kurt Daluege, als Kommissar in sein Ministerium und erteilte ihm den Auftrag, alle Polizeibeamten politisch zu überprüfen. Aufgrund der bereits vorhandenen Personalakten und vieler Hinweise von Polizisten, die mit den Nationalsozialisten sympathisierten, arbeitete Daluege dann eine Vorschlagsliste aus, welche Beamten aus dem Dienst entfernt werden sollten. Bereits im Februar 1933 wurden zahlreiche Beamte in wichtigen Positionen abgelöst und durch Anhänger der NSDAP ersetzt — darunter allein 13 Polizeipräsidenten. Weitere Umbesetzungen folgten: In immer mehr Städten und Ortschaften wurden nun SA und SS-Führer mit leitenden Polizeiaufgaben betraut.

Durch Erlaß vom 22. Februar 1933 ordnete Göring darüber hinaus den Einsatz von Angehörigen der SA, der SS, des Stahlhelms und des deutschnationalen Kampfringes als Hilfspolizistentruppe an. Im sogenannten „Schieß-Erlaß" vom 17. Februar hatte er zuvor die staatlichen Polizeiorgane ausdrücklich und in schriftlicher Form aufgefordert, das „beste Einvernehmen" mit den „nationalen Verbänden" herzustellen. Göring verfügte damit über mehr als 50 000 Mann Polizeihilfstruppen, die bereit waren, jeden Widerstand gegen die nationalsozialistische Politik zu brechen, und hatte als kommissarischer preußischer Innenminister — ohne Rücksichtnahme auf verfassungsmäßige Garantien und rechtsstaatliche Traditionen — die preußische Polizei innerhalb kurzer Zeit in ein Machtinstrument verwandelt, das die von den Nationalsozialisten eingeleiteten Unterdrückungsmaßnahmen in entscheidendem Maße unterstützen sollte. Denn nicht die Wahrung bzw. Wiederherstellung von Ruhe und Ordnung, sondern die Ausschaltung der politischen Gegner war das vorrangige — und bald auch öffentlich eingestandene — Ziel dieser „Sicherheitskräfte" der neuen Regierung.

SA-Männer werden Ende Februar 1933 zu „Hilfspolizisten" ernannt. Aus: Johannes Tuchel und Reinold Schattenfroh, Zentrale des Terrors. Prinz-Albrecht-Straße 8: Das Hauptquartier der Gestapo, Berlin 1987.

Als rechtliche Grundlage der nun immer weiter um sich greifenden Verfolgungswellen diente zunächst die Notverordnung vom 4. Februar 1933 („Zum Schutze des Deutschen Volkes"). Da diese Verordnung, die Eingriffe in verfassungsmäßige Rechte, wie etwa die Freiheit der Person oder die Pressefreiheit, nur für bestimmte Zeit und in eng begrenzten Ausnahmefällen vorsah, die eingeleiteten Maßnahmen jedoch bald nicht mehr abdeckte, nutzten die Nationalsozialisten den Brand des Reichstagsgebäudes in Berlin am 27. Februar 1933, um sich weitere, nahezu unbeschränkte Vollmachten zu verschaffen. Obwohl die Ursache des Reichstagsbrandes nie genau geklärt werden konnte, forderte Hitler unter der Beschuldigung, daß Kommunisten das Feuer gelegt hätten, ein hartes Durchgreifen gegen diese „Staatsfeinde". Und noch ehe Reichspräsident Hindenburg am folgenden Tag die „Verordnung zum Schutz von Volk und Staat" — zur Abwehr sogenannter „kommunistischer staatsgefährdender

Brand des Reichstagsgebäudes am 27. Februar 1933

Deutsche Allgemeine Zeitung

Ausgabe Groß-Berlin • Einzelpreis 10 Pfennig
Berlin, 28. Februar 1933 (Dienstag Morgen) • 72. Jahrgang • Nr. 99

Der Reichstag in Flammen

Großfeuer im Wallotbau — Brandstiftung erwiesen — Der Sitzungssaal ausgebrannt — Ein holländischer Kommunist verhaftet und geständig — Racheakt für das Liebknecht-Haus?

Ausschnitt „Deutsche Allgemeine Zeitung" vom 28. Februar 1933

Akte", wie es in dem Erlaß hieß — unterzeichnen konnte, wurden in Preußen innerhalb von 24 Stunden mehr als 1500 kommunistische Funktionäre verhaftet.

Die „Verordnung zum Schutz von Volk und Staat" vom 28. Februar 1933, die bis 1945 in Kraft bleiben sollte, suspendierte einige der wichtigsten Grundrechte der Weimarer Verfassung: die in den Artikeln 114, 115, 117, 118, 123, 124 und 153 garantierten Freiheitsrechte und vor allem die verfassungsmäßigen Sicherungen gegen willkürliche Verhaftungen. Der Abbau der rechtsstaatlichen Grundlagen der Weimarer Demokratie hatte damit begonnen. Die Unverletzbarkeit der persönlichen Freiheit war praktisch aufgehoben. Im Text der Verordnung hieß es dazu:

„Es sind ... Beschränkungen der persönlichen Freiheit, des Rechtes der freien Meinungsäußerung einschließlich der Pressefreiheit, des Vereins- und Versammlungsrechts, Eingriffe in das Brief-, Post-, Telegraphen- und Fernsprechgeheimnis, Anordnungen von Haussuchungen und von Beschlagnahme sowie Beschränkungen des Eigentums auch außerhalb der sonst hierfür bestimmten gesetzlichen Grenzen zulässig."

Zit. nach: Walter Tormin, *Die Jahre 1933-1934. Die Gleichschaltung* (Hefte zum Zeitgeschehen, H. 5), 4. Aufl., Hannover 1960, S. 16f.

Die neue Reichsregierung besaß jetzt bereits umfassende Vollmachten, um Rechtsstaatlichkeit und Demokratie in Deutschland auf „legalem" Wege abzuschaffen, und nutzte die ihr durch die „Verordnung zum Schutz von Volk und Staat" gewährten Befugnisse sofort, um sowohl in Berlin als auch im übrigen Reichsgebiet Hunderte von Kommunisten und dann auch viele Sozialdemokraten, Gewerkschaftler und linke Intellektuelle durch die Polizei und ihre Hilfstruppen der SA und SS verhaften zu lassen. Doch die Nationalsozialisten wollten noch mehr: Die Schwächung des demokratischen Systems genügte ihnen nicht; sie wollten seine völlige Abschaffung. So entband Hermann Göring durch Erlaß vom 3. März 1933 die bereits stark mit nationalsozialistischen Anhängern durchsetzten Polizeibehörden bei der Durchführung der sogenannten Reichstagsbrandverordnung zusätzlich noch von den „gesetzlichen Schranken" des preußischen Polizeiverwaltungsgesetzes — wie dem Verhältnismäßigkeitsgebot und anderen gesetzlichen Beschränkungen — und dehnte den in der Reichstagsbrandverordnung festgelegten Begriff der „Abwehr kommunistischer staatgefährdender Akte" auf alle Formen der „mittelbaren Unterstützung" aus. Damit war in der alltäglichen polizeilichen Praxis die Verfolgung aller gegen den Nationalsozialismus gerichteten Kräfte — auch jener, die von nationalso-

Razzia im Norden Berlins im Frühjahr 1933

zialistischen Kreisen nur als solche wahrgenommen wurden — möglich.

Das neue Rechtsverständnis, das diesem Erlaß — wie den vorausgegangenen Maßnahmen — zugrunde lag und nichts mehr mit den demokratischen Traditionen der Weimarer Republik gemein hatte, wurde von Göring noch am selben Tag auf einer öffentlichen Kundgebung in deutlichen Worten zum Ausdruck gebracht:

„Wir haben keinen ... bürgerlichen Staat mehr. Meine Maßnahmen werden nicht angekränkelt werden durch irgendwelche juristischen Bedenken oder durch irgendwelche Bürokratie. Ich habe keine Gerechtigkeit zu üben, sondern zu vernichten und auszurotten. In Zukunft kommt in den Staat nur herein, wer aus diesen nationalen Kreisen stammt... Wer ihn (den Staat, Anm. d. Verf.) aber vernichten will, den vernichtet er."

Aus: *Vossische Zeitung*, 4. März 1933, Abend-Ausgabe.

Im Frühjahr 1933 wurden dann die letzten noch verbliebenen Hindernisse für eine uneingeschränkte Machtausübung der Nationalsozialisten in Deutschland beseitigt. Zunächst, am 5. März, errang die NSDAP bei den an diesem Tage stattfindenden Reichstagswahlen zwar nur 43,9 % der Stimmen, erreichte zusammen mit ihrem kleineren Koalitionspartner — der DNVP — jedoch eine sichere Mehrheit im Parlament. Allerdings hatten diese Wahlen aufgrund der massiven Verfolgung der politischen Gegner bereits unter äußerst fragwürdigen Umständen stattgefunden. Dann, am 21. März, wurde zugleich mit der publikumswirksam inszenierten Eröffnung des neuen Reichstages die Einführung von „Sondergerichten" und neuen Straftatbeständen, wie der „Heimtückeverordnung", bekanntgegeben, die nicht nur zu einem außerordentlichen Anstieg von Verurteilungen, sondern auch zu einer wesentlich festeren Einbindung der richterlichen Gewalt in den sich formierenden NS-Staat führte. Und schließlich, am 23. März, gelang es Hitler, den Reichstag zur Verabschiedung des sogenannten „Ermächtigungsgesetzes" zu bewegen, das der Regierung für zunächst vier Jahre das Recht einräumte, ohne Mitwirkung der demokratischen Organe des Reichstages und des Reichsrates Gesetze — selbst verfassungsändernde — zu erlassen, so daß die parlamentarische Kontrolle der Regierung ausgeschaltet und praktisch ein Ausnahmezustand verhängt war. Die notwendige Zweidrittelmehrheit kam zustande, weil nicht nur die Abgeordneten der Regierungskoalition, sondern auch die Vertreter der bürgerlichen Parteien ihre Zustimmung gaben — sei es, weil sie dem Druck, der auf sie ausgeübt wurde, nicht gewachsen waren, sei es, weil sie die Gefahr, die für die Demokratie in Deutschland längst bestand, immer noch nicht erkannten.

Die Nationalsozialisten nutzten die Blankovollmacht, die ihnen mit dem „Ermächtigungsgesetz" ausgestellt worden war, indessen rücksichtslos aus. Nach der Zwangsauflösung der freien Gewerkschaften wurden nun Zug um Zug auch die noch bestehenden demokratischen Parteien verboten oder zur „Selbstauflösung" gezwungen. Das Verbot der SPD erfolgte am 22. Juni. DNVP und DVP erklärten die Arbeit ihrer Organisationen am 27. Juni für beendet. Als letzte demokratische Partei löste sich das Zentrum am 5. Juli auf. Das von den Nationalsozialisten nur wenige Tage später erlassene Gesetz gegen die Neubildung von Parteien setzte danach den endgültigen Schlußpunkt. Es erklärte die NSDAP zur einzigen legalen Partei und bedrohte darüber hinaus jeden Versuch einer Neuformierung von Parteien mit strengen Zuchthausstrafen. Aus dem demokratischen Deutschland der Weimarer Republik war damit innerhalb weniger Monate ein autoritärer Einparteienstaat geworden. Die Demokratie hatte abgedankt.

2. Ausschaltung der politischen Opposition in Deutschland

Bei den Verhaftungswellen, die nun über das deutsche Reichsgebiet rollten und weite Kreise der politischen Opposition erfaßten, spielte vor allem die Geheime Staatspolizei (Gestapo) eine zentrale Rolle. Sie wurde faktisch schon Anfang März 1933 von Göring eingerichtet, indem er die Politische Abteilung der preußischen Polizei von den anderen Abteilungen organisatorisch abkoppelte und sich selbst direkt unterstellte, während die offizielle Gründung erst am 26. April 1933 durch ein Gesetz über die Errichtung eines Geheimen Staatspolizeiamtes (Gestapa) erfolgte. Das Gesetz konnte von Göring, der inzwischen als Nachfolger Papens auch das Amt des preußischen Ministerpräsidenten übernommen hatte, durch einfachen Kabinettsbeschluß erlassen werden, nachdem der preußische Landtag bereits aus der Gesetzgebung ausgeschaltet war.

Das Gesetz schuf eine neue polizeiliche Sonderbehörde, deren Aufgabe zunächst vor allem darin bestand, die politische Opposition in Deutschland — in erster Linie SPD und KPD — zu beseitigen. Die Geheime Staatspolizei war ausdrücklich nicht an die geltenden Gesetze — etwa die richterliche Nachprüfungspflicht von Festnahmen — gebunden. Das hieß: Jeder konnte ohne Angabe von Gründen in „Schutzhaft" genommen werden, wobei der beschönigende Begriff „Schutzhaft" zunächst nicht erkennen ließ, welche Qualen damit für den einzelnen, der von dieser Maßnahme betroffen war, verbunden sein konnten und welchem Terror er als „Schutzhäftling" in einem Konzentrationslager tatsächlich ausgesetzt war. Terror und Mord wurden auf diese Weise mit einem scheinbar positiven Begriff verschleiert. Tatsächlich bedeutete „Schutzhaft" nichts weiter als willkürlicher Entzug der Freiheit. Der Begriff „Schutzhaft" war eine bewußt gewählte sprachliche Verharmlosung, ja Irreführung: In Wahrheit meinte „Schutzhaft" für den Gefangenen völlige Schutzlosigkeit. Denn die Konzentrationslager, in die die meisten „Schutzhäftlinge" eingeliefert wurden, waren, wie Eugen Kogon feststellte, „eine Welt für sich"; in ihnen herrschte „eine Ordnung ohne Recht, in die der Mensch geworfen wurde, der nun um die nackte Existenz und das bloße Überleben kämpfte".

Der Begriff „Schutzhaft" war aber keine Erfindung der Nationalsozialisten, sondern hatte bereits vor 1933 existiert — allerdings nur in Ausnahmefällen und nur als zeitlich, lokal und juristisch begrenzte Polizeihaft, die durch ein Gericht auf ihre Rechtmäßigkeit überprüft werden mußte. Auch die nationalsozialistischen Machthaber versuchten zunächst, der Schutzhaft einen legalen Anstrich zu geben, indem zum Beispiel Reichsinnenminister Frick bemüht war, den Eindruck zu erwecken, als besäßen die ,,Schutzhäftlinge" durchaus noch Rechte. Er ordnete an, daß jedem Häftling spätestens 24 Stunden nach seiner Festnahme ein Schutzhaftbefehl zugestellt werden müsse, der die Gründe für die Inhaftnahme enthalte. Im April 1934 gab er dann sogar einen ,,Schutzhaft-Erlaß" heraus.

Fricks Absichten — sofern sie überhaupt ernstgemeint gewesen waren — blieben indessen praktisch ohne Wirkung. Denn die Geheime Staatspolizei und die anderen Vollstreckungsbehörden legten den dehnbaren Begriff der ,,unmittelbaren Gefährdung der öffentlichen Sicherheit und Ordnung" und die Klausel ,,zur Abwehr kommunistischer staatsgefährdender Gewaltakte", wie sie in der ,,Verordnung zum Schutz von Volk und Staat" vom 28. Februar 1933 enthalten waren, ganz nach eigenem Gutdünken aus. Diese bereits seit Anbeginn der nationalsozialistischen Herrschaft geübte Willkür schlug sich dann auch im zweiten Schutzhafterlaß vom Januar 1938 nieder, der — im Gegensatz zum ersten von 1934 — bestimmte, die Schutzhaft sei ,,so lange aufrechtzuerhalten, als es ihr Zweck erfordert". Dieser ,,Zweck" aber wurde einzig und allein von der Geheimen Staatspolizei festgelegt, so daß die ,,Schutzhaft" beliebig als Mittel mißbraucht werden konnte, politisch Andersdenkende gefangenzusetzen und auszuschalten, ohne rechtlichen Einschränkungen unterworfen zu sein.

```
Geheime Staatspolizei
G.b.:b.us Staatspolizeiamt                    Berlin SW 11, den 22. Mai 1941
IV C2- II -Nr. Sch.9788-                      Prinz-Albrecht Straße 8

                        Schutzhaftbefehl

Vor- und Zuname: Hans Schiftan   Geburtstag und -Ort: 8.12.99 Schöneberg
Beruf: Angestellter   Familienstand: verh.   Staatsangehörigkeit: DR
Religion: glaubenslos   Rasse (bei Nichtariern anzugeben): -.-
Wohnort und Wohnung: Berlin-Neukölln, Zietenstr.27
    wird in Schutzhaft genommen.
                          Gründe:
Er gefährdet nach dem Ergebnis der staatspolizeilichen Feststellungen durch sein Ver-
halten den Bestand und die Sicherheit des Volkes und Staates, indem er auf Grund
seines politischen Vorlebens zu der Befürchtung Anlaß gibt,
er werde sich nach Verbüßung einer Zuchthausstrafe von 2 Jahren
wegen Vorbereitung zum Hochverrat erneut im marxistischen
Sinne betätigen.
         gez. Heydrich.        Beglaubigt: Rottan
```

Schutzhaftbefehl

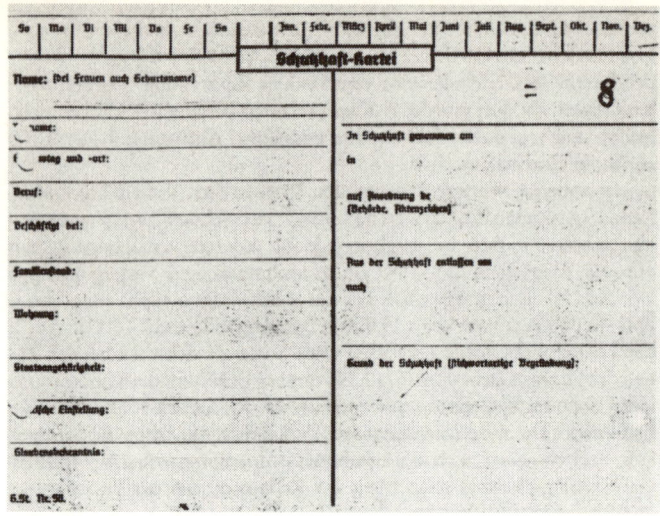

Schutzhaft-Karteikarte der Gestapo. Aus: Tuchel / Schattenfroh, a.a.O.

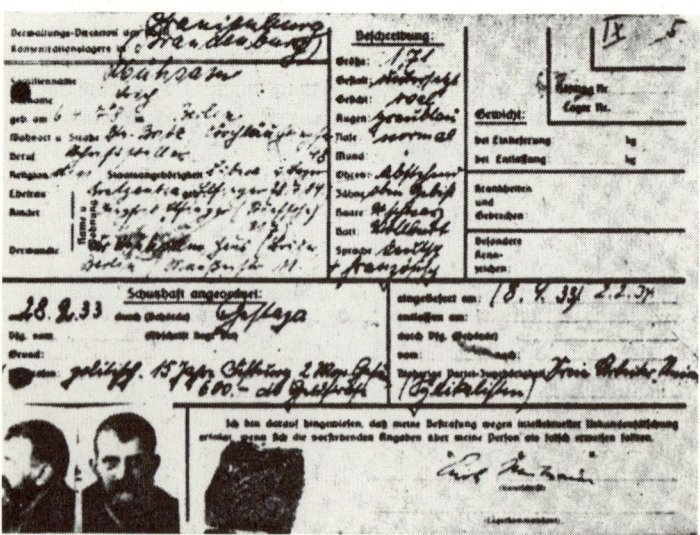

Schutzhaft-Karteikarte des im KZ Oranienburg ermordeten Dichters Erich Mühsam. Aus: SS im Einsatz. Eine Dokumentation über die Verbrechten der SS, hrsg. vom Komitee der Antifaschistischen Widerstandskämpfer in der Deutschen Demokratischen Republik (Redaktion Heinz Schumann und Heinz Kühnrich), Deutscher Militärverlag, Berlin (Ost) 1967

ROSSMANN

Farbbild 9 x 13 cm schon ab

0.01

```
Freitag 20-Jun-2003      Kasse 001
Fr. Rakoczy                    026


SALLOS DAS ORIGINAL       0,99EUR
WENKO DUSCHEINLAGE P     19,99EUR
*ZWS*                    20,98EUR


TOTAL              20,98EUR


MwSt  16,00%              2,76EUR
MwSt   7,00%              0,06EUR
BAR                      51,00EUR
ZURUCK
BAR                      30,02EUR

Nr0115    2 ARTIKEL         10:31
VIELEN DANK FÜR IHREN EINKAUF


   Berlin, Bölschestraße 63
   Tel.: (030) 64 09 26 34


   Mo. - Fr. 09:00 - 19:00 Uhr
   Sa.       09:00 - 14:00 Uhr
```

Wer aufgrund eines (auf einem berüchtigten dunkelroten Formular ausgestellten) „Schutzhaftbefehls" festgenommen worden war und sich schließlich als Gefangener in einem Konzentrationslager wiederfand, wurde nach der Verhaftung zunächst meist im unklaren gelassen, wie lange der Freiheitsentzug dauern würde und welche genauen Gründe dafür vorlagen. Rechtliche Bestimmungen spielten dabei für die Vollstreckungsbehörden kaum eine Rolle. Aber auch diejenigen Personen, die von einem ordentlichen Gericht zu einer begrenzten Haftzeit in einem Gefängnis oder Zuchthaus verurteilt worden waren, konnten nach erfolgter Verbüßung der Strafe von der Sicherheitspolizei in zeitlich unbegrenzte „Nachhaft" genommen und in ein KZ eingeliefert werden. In den Fällen, in denen Inhaftierte zu einer von den Nationalsozialisten verfolgten Personengruppe gehörten, wurde dieses Verfahren in der Regel auch praktiziert. Die Strafvollzugsanstalten setzten den Betreffenden nach Ende der Gefängniszeit dann einfach nicht wieder auf freien Fuß, sondern überstellten ihn auf direktem Wege in eines der Lager. Der Chef der Deutschen Sicherheitspolizei, Reinhard Heydrich, bemerkte dazu im Oktober 1939 in einer Anweisung unmißverständlich: „Entlassungen von Häftlingen aus der Schutzhaft finden während des Krieges im allgemeinen nicht statt."

Neben der „Schutzhaft" gab es jedoch auch noch andere Haftarten, von denen zumindest die „Vorbeugehaft" in der Regel ebenfalls im Konzentrationslager endete. Insgesamt sind folgende Haftarten zu unterscheiden:

— „Vorläufige Festnahme" durch die Polizei bei dringendem Tatverdacht nach einem Verbrechen,
— „Zwangsgestellung" zur Polizeiwache zwecks Feststellung der Personalien,
— „besondere polizeiliche Haft" nach der Verordnung des Reichspräsidenten vom 4. Februar 1933 bei Verdacht des Hochverrates und anderen politischen Delikten,
— „Schutzhaft" durch die Geheime Staatspolizei,
— „Polizeiliche Vorbeugehaft" durch die Kriminalpolizei,
— „Sicherungsverwahrung" auf Anordnung des Gerichts nach einer verbüßten Freiheitsstrafe.

Aus: Johannes Tuchel und Reinold Schattenfroh, *Zentrale des Terrors. Prinz-Albrecht-Straße 8: Das Hauptquartier der Gestapo*, Berlin 1987, S. 109.

Die Unterdrückungsaktionen nahmen bereits 1933 stattliche Ausmaße an: Schon im April 1933 befanden sich allein in Preußen mehr als 25 000 Menschen in „Schutzhaft"; im gesamten Reichsgebiet waren es bis Juli 1933 über 80 000. Mit der „Heimtücke-Verordnung" vom 21. März 1933 war jede Kritik an der nationalsozialistischen Regierung und deren Maßnahmen unter strenge Strafe gestellt worden, so daß öffentlicher Protest gegen die Verhaftungen praktisch unmöglich war bzw. im Zuchthaus endete. Die Verfolgungen, die sich anfangs in erster Linie gegen kommunistische Funktionäre richteten, weiteten sich ebenfalls bereits im Frühjahr 1933 zügig aus und erfaßten mehr und mehr auch Sozialdemokraten, Gewerkschaftler, Angehörige der bürgerlichen Opposition sowie alle anderen, die ihren Widerstand gegen das NS-Regime und seine Methoden bekundet hatten.

Mitglieder demokratischer Parteien und Organisationen, die den Massenverhaftungen zum Opfer fielen, wurden während dieser ersten Monate nationalsozialistischer Machtsicherung vor allem in sogenannte „wilde" Lager verschleppt, die zwar noch relativ unorganisiert von SA, SS und Gestapo betrieben wurden, von denen aber Mitte 1933 bereits mehr als vierzig existierten, die über das gesamte Reichsgebiet verstreut waren. In Preußen gab es „wilde" Konzentrationslager unter anderem in:

Lichtenburg	Provinz Sachsen
Oranienburg	Provinz Brandenburg
Alt-Daber	Provinz Brandenburg
Boernicke	Provinz Brandenburg
Brandenburg	Provinz Brandenburg
Sonnenburg	Provinz Brandenburg
Senftenberg	Provinz Brandenburg
Columbiahaus (Gestapa-Gefängnis)	Berlin
Hammerstein / Posen-Westpreußen	Provinz Grenzmark
Quednau	Provinz Ostpreußen
Gollnow	Provinz Pommern
Stettin-Bredow	Provinz Pommern
Heinersdorf	Provinz Niederschlesien
Leschwitz	Provinz Niederschlesien
Breslau-Dürrgoy	Provinz Niederschlesien
Börgermoor	Provinz Hannover
Esterwegen	Provinz Hannover
Moringen	Provinz Hannover
Kuhlen	Provinz Schleswig-Holstein
Glückstadt	Provinz Schleswig-Holstein
Benninghausen	Provinz Westfalen
Bergkamen	Provinz Westfalen
Breitenau	Provinz Hessen-Naussau
Brauweiler	Rheinprovinz
Kemna	Rheinprovinz

Nach: Tuchel und Schattenfroh, *Zentrale des Terrors*, a.a.O., S. 113.

Bei der Errichtung dieser Lager gab es von seiten der NS-Machthaber kein einheitlich und zentral gelenktes Vorgehen. Die „wilden" KZ's der Anfangszeit befanden sich zumeist in leerstehenden Fabrikhallen, beschlagnahmten Gebäuden aufgelöster demokratischer Parteien und Organisationen, Kasernen oder abgelegenen Gehöften. Sie wurden von Angehörigen der SA und der SS betrieben, die nach Belieben ungestraft über die ihnen ausgelieferten „Schutzhäftlinge" regierten — ohne Recht und Gesetz und durch keine staatliche Instanz kontrolliert oder gebremst. Schwere Übergriffe, Mißhandlungen, Folterungen und die Erpressung von Geständnissen waren daher an der Tagesordnung, auch wenn der Terror noch unsystematisch war.

Im Frühjahr 1933 entsteht in Oranienburg nahe Berlin in einer ehemaligen Brauerei eines der ersten ‚wilden' Konzentraltionslager. Aus: Kiersch, a.a.O.

Erst zu Beginn 1934 wurde dann versucht, der „Schutzhaft" einen einheitlicheren Rahmen zu geben, wozu auch der schon erwähnte „Schutzhaft-Erlaß" vom April 1934 gehörte, der bestimmte, daß nur staatspolizeiliche Organe, die Ober- und Regierungspräsidenten sowie die Geheime Staatspolizei befugt seien, „Schutzhaft" anzuordnen und die betreffenden Personen in ein Konzentrationslager zu überstellen. Der Terror wurde damit jedoch nicht beseitigt, sondern nur besser organisiert.

3. Der KZ-Staat Heinrich Himmlers

Nach der nationalsozialistischen Machtübernahme wurden die Konzentrationslager zunächst sowohl von der SS als auch von der SA betrieben. Als die SA nach dem „Röhm-Putsch" 1934 in der internen Auseinandersetzung um die Machtverteilung im Reich gegenüber der SS unterlag, übernahm die SS-Führung jedoch die gesamte Zuständigkeit für den Aufbau eines straff organisierten, „funktionstüchtigen" KZ-Systems zur Unterdrückung aller politischen und gesellschaftlichen Widerstände gegen das NS-Regime. Die SS wollte sich mit dem Wildwuchs der Gefangenenlager nicht zufriedengeben und strebte die Perfektionierung des Unterdrückungssystems an. An die Stelle der bis zum März 1934 bereits überwiegend aufgelösten improvisierten Kerker der „provisorischen" Lager sollten nun durchgeplante Dauereinrichtungen als „Verwahranstalten" für die nach nationalsozialistischer Auffassung unliebsamen Personen treten.

Heinrich Himmler konnte dabei immer mehr Machtbefugnisse auf seine Person konzentrieren. Er hatte seinen Aufstieg 1933 als kommissarischer Polizeipräsident von München begonnen. Bereits 1936 war er Reichsführer-SS und Oberster Dienstherr der gesamten deutschen Polizei. Große Bereiche des Staatswesens, der Öffentlichkeit und der NSDAP unterlagen damit faktisch seiner Kontrolle. Die 1923 lediglich zur persönlichen Abschirmung Hitlers gegründete SS (Schutzstaffel), die Himmler 1929 als noch kleine Spezialeinheit innerhalb der SA mit nur rund 250 Mitgliedern übernommen hatte, war auf diese Weise zu einer der wichtigsten und machtvollsten Organisationen im NS-Staat geworden. Während die Geheime Staatspolizei eine Einrichtung blieb, die in die behördliche Struktur des Staates eingefügt war, zählte die SS zu den reinen Parteiorganisationen. Soweit einzelnen SS-Einheiten staatliche Aufgabenbereiche übertragen wurden — etwa Hilfstätigkeiten zur Unterstützung der Polizei oder die Bewachung der Konzentrationslager — zahlte der Staat hierfür Zuschüsse an die Partei.

Bereits 1934 führte Himmler wichtige organisatorische Umstrukturierungen durch: Er unterteilte die bis dahin einheitlich organisierten SS-Verbände in die „Allgemeine SS" sowie die Sonderverbände der „SS-Verfügungstruppen" und der „SS-Wachverbände", wobei die SS-Wachverbände hauptsächlich zur Bewachung der Konzentrationslager eingesetzt werden sollten, die trotz der Auflösung der

Himmler als „Reichsführer-SS" 1939

„wilden" KZ's fortbestanden — vor allem Oranienburg, Dachau und das Columbia-Haus in Berlin — und Himmler als „Inspekteur" der Gestapo direkt unterstellt waren. Der Dachauer KZ-Kommandant Theodor Eicke bekam von Himmler 1934 den Auftrag, die Bewachung der Konzentrationslager, die bis zu diesem Zeitpunkt überwiegend von SA-Wachmannschaften durchgeführt wurde, neu zu regeln. Eicke, der zum Inspekteur der Konzentrationslager ernannt wurde, erhielt von der SS-Führung umfassende Vollmachten: Ihm unterstand der Aufbau der SS-Totenkopfverbände und deren Ausbildung als Stammwachmannschaften für die Konzentrationslager. Er verstärkte die anfangs kleine Wachtruppe von 2 000 Mann (Januar 1935) bis zum Dezember 1937 auf eine Stärke von über 4 800 Mann. Die Bewachung der Lager oblag danach ausschließlich den SS-Totenkopfstandarten, die 1936 von den allgemeinen SS-Verbänden abgekoppelt und stets in unmittelbarer Nähe des eigentlichen KZ-Komplexes untergebracht wurden.

1936 gab Himmler in seiner Funktion als Reichsführer-SS den Auftrag, mit dem Bau „ordentlicher Konzentrationslager" — wie es

Heinrich Himmler und Hermann Göring vor 1933. Mit der Ernennung Görings zum kommissarischen Innenminister in Preußen bringen die Nationalsozialisten die nach der Reichswehr größte bewaffnete Macht unter ihre Kontrolle. Himmler beginnt seinen Aufstieg in der NS-Hierarchie zunächst als kommissarischer Polizeipräsident von München. 1936 wird er Reichsführer der SS und Chef der Deutschen Polizei im Reichsministerium des Innern und damit einer der mächtigsten Männer nach Hitler. 1943 übernimmt er schließlich das Reichsinnenministerium.

in der offiziellen Formulierung hieß — zu beginnen. Bei der Planung und Verwirklichung des KZ-Systems, das Deutschland wie ein Netzwerk überziehen sollte, diente das bereits 1933 in einer ehemaligen Pulverfabrik in Dachau bei München errichtete Lager als Muster.

Alle „ordentlichen" Stammlager wurden nach diesem Vorbild aufgebaut, strukturiert und organisiert. Form, Aufteilung und Organisation der ab 1936 errichteten Zentrallager — wie Sachsenhausen bei Berlin (1936) oder Buchenwald bei Weimar (1937) — entsprachen dem „Dachauer Modell" und waren vom SS-Amt präzise vorgegeben. Dies galt auch für das speziell für weibliche Gefangene errichtete KZ Ravensbrück bei Fürstenberg.

Der Aufbau des Lagersystems stand unter der zentralen Leitung der von der SS gegründeten Inspektion der Konzentrationslager. Diese Stelle sorgte auch dafür, daß die von der SS in Dachau erprobten „Methoden" der Gefangenenbehandlung in den neu erbauten Konzentrationslagern einheitlich angewandt wurden. Dazu gehörte nicht nur der Arbeitseinsatz der Häftlinge unter härtesten Bedingungen, sondern auch eine brutale Straf- und Disziplinarordnung, die scheinbar genaue Verhaltensmaßregeln für die „Schutzhäftlinge" vorschrieb, in Wirklichkeit der Willkür der Lageraufseher aber keine Grenzen setzte.

Der Aufbau des KZ-Systems wurde somit von der SS-Führung ebenso zielstrebig wie systematisch betrieben. Bis zum Kriegsbeginn 1939 gab es in Deutschland bereits sechs große Stammkonzentrationslager und zahlreiche kleinere Lager mit insgesamt mehr als 60 000 Häftlingen. Allein während der Juden-Pogrome im November 1938 waren mehr als 30 000 jüdische Bürger in „Schutzhaft" genommen und von den Nationalsozialisten in Lager verschleppt worden. Von Kriegsbeginn an bis zum Frühjahr 1942 stieg die Zahl der KZ-Gefangenen auf fast 100 000. 1943 waren es dann schon annähernd 200 000 Menschen und 1944 befanden sich über eine halbe Million Häftlinge in Konzentrationslagern.

Während des Krieges wurde die Arbeitskraft dieser Häftlinge von der SS systematisch genutzt: Eine wachsende Zahl von Gefangenen mußte ohne Bezahlung in der Rüstungsindustrie arbeiten oder wurde zu lebensgefährlichen Kommandos, wie Schutträumen und dem Entfernen von Bomben, eingesetzt. Und seit 1942 wurden Lagerhäftlinge von der SS sogar gegen Gebühr regelrecht an Privatfirmen „verliehen".

Nach Kriegsbeginn wurden in den von deutschen Truppen besetzten Ländern ebenfalls zahlreiche Lager errichtet. Hier — besonders in Polen — entstanden jetzt auch Vernichtungslager, in denen vor allem Millionen von jüdischen Menschen gemäß der von den Nationalsozialisten angestrebten „Endlösung der Judenfrage" ermordet wurden. Diese Todeslager verfügten über große Vergasungseinrich-

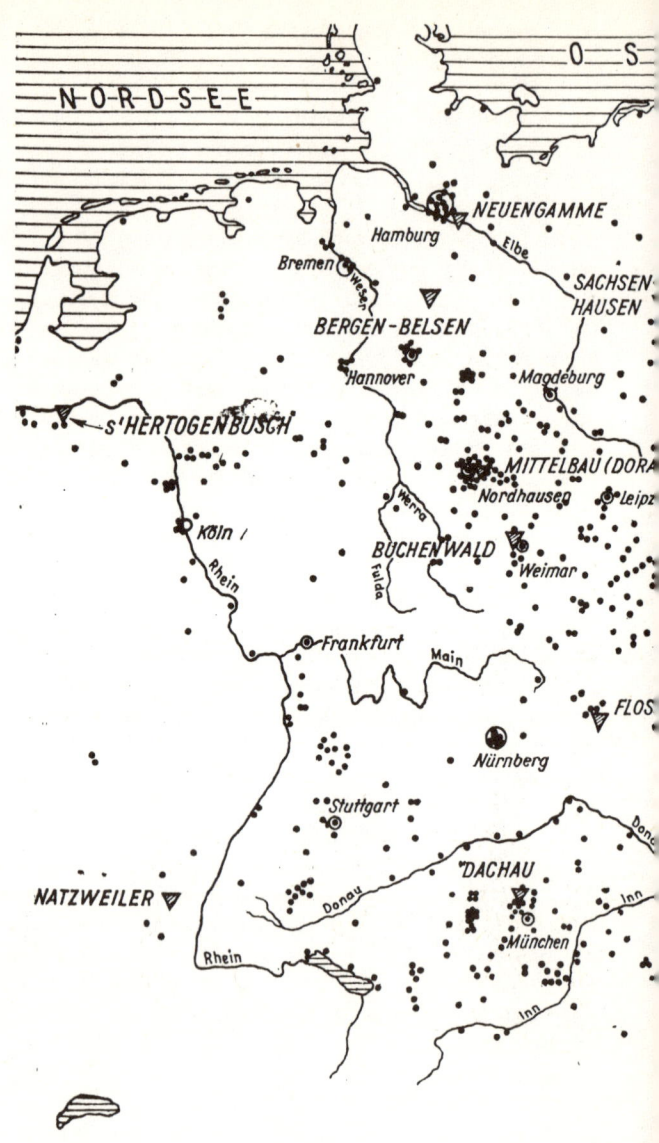

Netz der Konzentrations- und Vernichtungslager

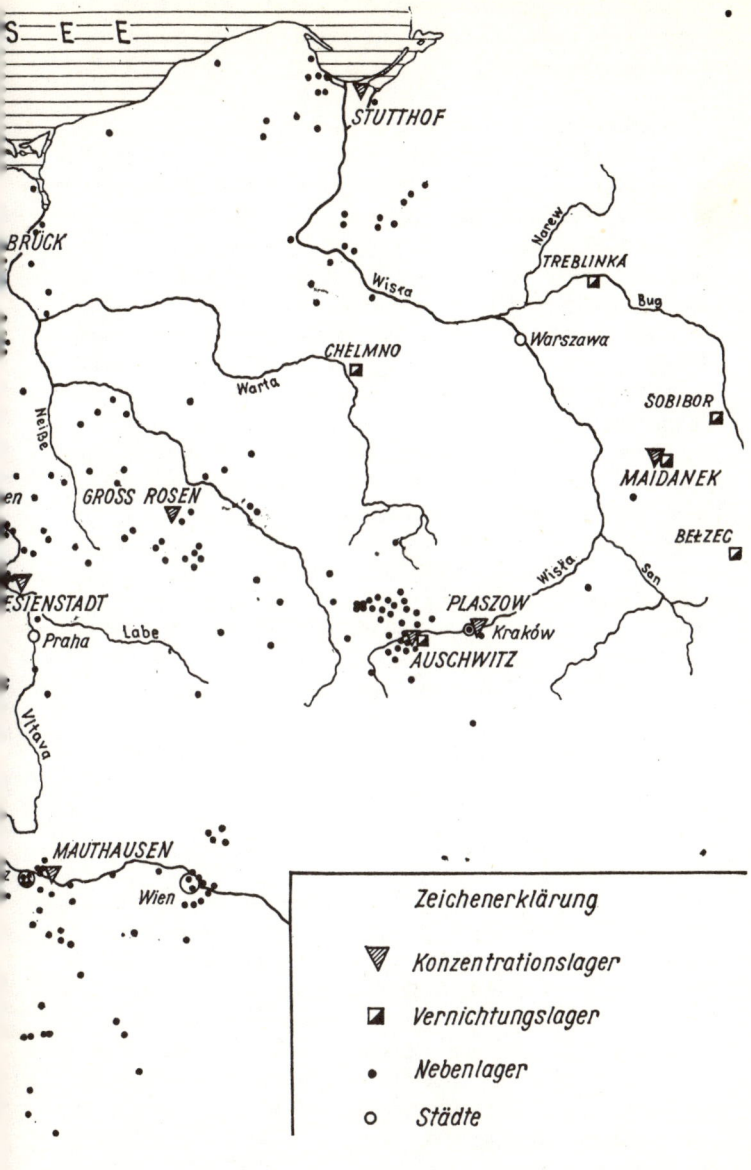

tungen und Krematoriumsanlagen zur fabrikmäßigen Ermordung ganzer Völkergruppen. Das seiner „Vernichtungskapazität" nach größte KZ dieser Art befand sich in Auschwitz im ehemaligen Oberschlesien.

Insgesamt wurden in den zwölf Jahren zwischen 1933 und 1945 mehr als sechs Millionen Menschen in die Lager verschleppt. Nur etwa 500 000 von ihnen überlebten dieses wohl düsterste Kapitel der deutschen Geschichte. Die anderen starben: entkräftet durch Hunger, Kälte, körperliche Auszehrung und Sklavenarbeit oder — wie die meisten der umgekommenen Männer, Frauen und Kinder — von den Bewachern erschlagen, hingerichtet oder in den Gaskammern grausam ermordet. Schon das Ausmaß dieser Verbrechen beweist, daß die Lager nicht das Produkt eines Einzelnen waren und auch nicht einfach eine „Entgleisung" in einem ansonsten erträglichen Regime darstellten. Die KZ's waren vielmehr *von Anfang an* ein fester Bestandteil der Gewaltherrschaft, auf die sich der NS-Staat stützte. Und nach dem systematischen Ausbau durch Himmler bildeten sie sogar das vielleicht wichtigste Terrorinstrument der nationalsozialistischen Machtausübung überhaupt. Denn das KZ-System terrorisierte nicht nur die Menschen, die bereits als Häftlinge *innerhalb* der Lager gefangengehalten wurden, sondern schüchterte auch diejenigen ein, die noch *außerhalb* unter der ständigen Drohung lebten, ebenfalls eingewiesen zu werden, wenn sie dem nationalsozialistischen Regime Gehorsam und Gefolgschaft verweigerten.

4. Die Häftlinge

Wer waren nun die Menschen, die in die Lager verschleppt wurden? Und warum waren sie einer derart massiven Verfolgung ausgesetzt?

Nach offizieller Sprachregelung sollten die Konzentrationslager in den ersten Jahren nach der Machtübernahme Hitlers vor allem als „Straf- und Sonderlager" für politisch Andersdenkende dienen. Sie waren gewissermaßen, wie Himmler erklärte, „nationalpolitische Erziehungsanstalten besonderer Art". In Wirklichkeit ging es dem NS-Regime jedoch von Anfang an nicht um Erziehung, sondern um die rigorose Unterdrückung der Opposition. Bereits am 3. Februar 1933 bemerkte Hitler dazu in einer Rede vor Befehlshabern des Heeres und der Marine, man müsse „den beugen, der sich nicht bekeh-

Gruppe jüdischer Häftlinge

ren läßt" (Liebmann-Aufzeichnung, in: *Vierteljahrshefte für Zeitgeschichte*, H. 2, 1954, S. 434ff).

Die Konzentrationslager wurden also nicht geschaffen, Andersdenkende zu bekehren, sondern sie durch Isolation von politischer Betätigung abzuhalten und „Unbelehrbare" körperlich und seelisch zu zerbrechen. Eugen Kogon, der selbst Häftling im KZ Buchenwald war, erklärte später zu dieser Zermürbung der Menschen durch die Willkür und Gewalt der Aufseher sowie die Umstände des Lageralltags, das Konzentrationslager habe „die Seelen seiner Opfer wie zwischen Mühlsteine" gequetscht; keiner sei „so herausgekommen, wie er hineingegangen ist" (Eugen Kogon, *Der SS-Staat. Das System der Konzentrationslager*, Bonn und München 1974, S. 362).

Aber nur am Anfang richteten sich die Verfolgungen allein gegen die politische Opposition. Bald waren es nicht mehr nur die tatsächlichen weltanschaulichen Kontrahenten, die verfolgt wurden, sondern auch andere Personengruppen, die von den Nationalsozialisten lediglich als Gegner wahrgenommen wurden. Damit wurde der Schritt von der „Bekämpfung" zur „Vorbeugung" vollzogen, und die Verfolgung und Unterdrückung wurde noch systematischer und umfassender. Dementsprechend weitete sich auch der Personenkreis aus, der in die Lager eingeliefert wurde. Schließlich gehörten dazu alle gesellschaftlichen Gruppen, die nach nationalsozialistischer

Auffassung nicht in das Bild der „deutschen Volksgemeinschaft" paßten, wie Himmler es nannte, und deshalb als „Volksschädlinge", „unnütze Esser" und „Staatsfeinde" galten.

Von der Inhaftierung und Einlieferung in ein Konzentrationslager war somit eine große Zahl von Menschen unterschiedlichster Herkunft und Gruppenzugehörigkeit bedroht. Dazu zählten:

— *Politische Gegner des NS-Regimes* (vor allem Kommunisten, Sozialdemokraten, Anhänger der verbotenen bürgerlichen Parteien und Gewerkschaftler)
— *Homosexuelle beiderlei Geschlechts*
— *„Berufsverbrecher"* (im Verständnis der Nationalsozialisten alle Personen, die mehr als einmal straffällig geworden waren, z.B. Zuhälter, Dirnen, Gelegenheitsdiebe, aber auch Ärzte, die Abtreibungen vorgenommen hatten, und sogar Personen, die lediglich wegen Hausfriedensbruchs oder Widerstandes gegen die Staatsgewalt vorbestraft waren)
— *Angehörige religiöser Sekten* (sogenannte Bibelforscher, z.B. Mitglieder der „Zeugen Jehovas")
— *Wehrdienstverweigerer* (seit Einführung der allgemeinen Wehrpflicht 1936)
— *„Arbeitsscheue"* (Personen, die mehr als einmal eine ihnen vom Reichsarbeitsamt angebotene Stelle ablehnten)
— *Geistliche beider Konfessionen* (sofern sie das Regime und seine menschenverachtenden Praktiken aus religiöser Überzeugung ablehnten und anprangerten)
— *Angehörige sogenannter „minderwertiger Rassen"* (vor allem jüdische Bürger, die ab 1938 in großer Zahl in die Lager verschleppt und ab Oktober 1942 in die Vernichtungslager deportiert wurden)
— *Menschen mit sogenanntem „lebensunwertem Leben"* (nach nationalsozialistischer Auffassung z.B. Geistes- und Erbkranke)
— *„Asoziale"* (nach nationalsozialistischer Auffassung u.a. Landstreicher, Hausierer, Bettler, Krüppel, sozial Schwache und Arme, säumige Alimentenzahler, Wilddiebe, Alkoholiker, „Raufbolde", Sinti und Roma sowie auch jene, die aufgrund ihrer politischen oder humanitären Überzeugung nach 1933 ihren Arbeitsplatz verloren hatten)
— *„Querulanten"* (z.B. Angehörige antiautoritärer Jugendbewegungen, Personen, die sich öffentlich weigerten, nationalsozialistische Zeitungen zu lesen, Männer mit langen Haaren, Hörer unliebsamer ausländischer Rundfunksender, Anhänger von Jazz oder Swingmusik sowie „Meckerer", die NSDAP-Versammlungen störten bzw. auf andere Weise zu erkennen gaben, daß sie nicht bereit waren, sich in die nationalsozialistische „Volksgemeinschaft" einzuordnen)

Nach Kriegsbeginn kamen dann noch Tausende von *Kriegsgefangenen* hinzu, die aus vielen europäischen Ländern, jedoch vorwiegend aus der Sowjetunion, in Konzentrationslager überstellt wurden, wo ihnen jeglicher Schutz des Kriegsvölkerrechts versagt blieb, auf den sich die übrigen, in Gefangenenlagern untergebrachten Kriegsgefangenen immerhin berufen konnten.

Auch im KZ Sachsenhausen waren alle diese Häftlingsgruppen vertreten. Nur in der ersten Zeit nach der Errichtung des Lagers im Jahre 1936 wurden vor allem politische Gefangene aus Berlin sowie aus Nord- und Westdeutschland hierhergebracht. Dann folgten Schritt um Schritt auch immer mehr Häftlinge der anderen genannten Gruppen. Und wie in den anderen Lagern, so waren alle diese Häftlinge auch in Sachsenhausen der Willkür und dem alltäglichen Terror ihrer Bewacher schutzlos preisgegeben. Kein Gesetz, keine richterliche Instanz garantierte mehr ein Mindestmaß an rechtlicher Sicherheit.

II. Das Konzentrationslager Sachsenhausen

1. Der Aufbau des Stammlagers

Sachsenhausen ist ein kleiner Vorort im Nordosten Oranienburgs, etwa 35 Kilometer nördlich von Berlin. Im Juli 1936, während in der nahen Reichshauptstadt glanzvoll die Olympischen Spiele abgehalten wurden, begann die SS hier mit ersten Vorbereitungen für die Errichtung eines Stammkonzentrationslagers nach dem Vorbild des KZ Dachau. Der Gegensatz hätte krasser nicht sein können: Zur gleichen Zeit, da die Nationalsozialisten der Weltöffentlichkeit in Berlin das Bild eines friedlichen, idyllischen Deutschland vorspiegelten, quälten sich in Sachsenhausen die ersten fünfzig Häftlinge, die von der SS aus dem KZ Esterwegen im Emsland eigens für diesen Zweck überstellt worden waren, durch die Sommerhitze, um die Pläne Himmlers zu verwirklichen, und legten unter den Schlägen der Aufseher auf dem abgeholzten Gelände eines ehemaligen Kiefernwaldes die ersten Fundamente für den neuen KZ-Komplex. Einer der Häftlinge, der diesem Vorkommando angehörte, erinnerte sich an diese Tage:

„Es war am 12. Juli; sie (die Gefangenen, Anm. d. Verf.) hatten die Vorbereitungsarbeiten für den Aufbau des Lagers zu verrichten. Einige Zivilarbeiter, die die Häftlinge in der Anfangsperiode anleiteten, hatten bereits 3 Notbaracken aufgebaut. Eine diente der SS-Mannschaft als Unterkunft, in einer weiteren, mit einfachem Stacheldrahtzaun umgeben, wurden die Häftlinge untergebracht, und die dritte, außerhalb der Umzäunung, diente als Materiallager und außerdem als Unterkunft für die Zivilarbeiter... Die Verpflegung mußte anfangs aus Oranienburg herangeholt werden. In einer provisorischen Feldküche wurde dünner Ersatzkaffee zubereitet, Wasser wurde in Tonnen aus Oranienburg herangeholt."

Aus: *Sachsenhausen. Dokumente, Aussagen, Forschungsergebnisse und Erlebnisberichte über das ehemalige Konzentrationslager Sachsenhausen*, Berlin (Ost) 1986, S. 18.

Die SS hatte Sachsenhausen nicht zufällig als Standort für ein Konzentrationslager gewählt. Im nahen Oranienburg war bereits im Fe-

Geheime Staatspolizei

Berlin SW11, den 18 Juni 1936
Prinz Albrecht Straße 8

P/SS-IV F/64

GEHEIM!

Betreff: Freigabe von fiskalischem Forstgelände für den Zweck der Errichtung eines staatlichen Konzentrationslagers.

An das
Preußische Forstamt
Sachsenhausen
b. Oranienburg

1. Das in der Strassengabel Sachsenhausen – Lehnitzschleuse – Oranienburg gelegene, auf beiliegender Übersichtskarte rot bezeichnete fiskalische Forstgelände, bitte ich der Preußischen Geheimen Staatspolizei zur Verfügung zu stellen. Auf diesem Gelände soll sofort ein staatliches Konzentrationslager errichtet werden, welches zum 1. Oktober 1936 fertiggestellt sein muss. Einen Bebauungsplan füge ich zu treuen Händen bei. Als Baufläche wird ein gleichseitiges Dreieck von je 1 km Seitenlänge für ausreichend erachtet. Die Spitze des Dreiecks geht in Richtung Bahnhof Sachsenhausen. An den Strassen- und an der Ortsseite gegen Sandhausen soll ein Schutzstreifen von ca 80 – 100 m bestehen bleiben.

2. Ich bitte den Antrag zu beschleunigen, da mir für den Gesamtaufbau des Lagers nur 3 Monate zur Verfügung stehen. Der Regierung in Potsdam –Politische Abteilung Abtg.der Forsten– habe ich meine Absicht bereits mündlich unterbreitet und Unterstützung gefunden.

3. Begründung:

a) Das staatliche Konzentrationslager Esterwegen b.Papenburg muß am 1.Oktober 1936 aufgelöst und dem Reichsarbeitsführer, Staatssekretär Hierl, gegen Erstattung der anfallenden Kosten für den Neubau des Konzentrationslagers Sachsenhausen, übergeben werden.

b) Die Insassen des Konzentrationslagers Esterwegen und 1 SS-Totenkopfsturm als Wachtruppe werden zum 1.Okt.1936 in das neue K.L. Sachsenhausen überführt.

Schreiben der Geheimen Staatspolizei an das Preußische Forstamt Sachsenhausen über die Freigabe von Forstgelände für den Zweck der Errichtung eines staatlichen Konzentrationslagers im Juni 1936

Blatt 2-

c) Das Konzentrationslager "Columbia", Berlin wird am 1.Oktober 1936 gleichfalls aufgelöst; die Baulichkeiten gehen zu diesem Zeitpunkt an das Reichsluftfahrtministerium über. Die Insassen des K.L.Columbia werden zum genannten Zeitpunkt ebenfalls im neuen K.L.Sachsenhausen untergebracht.

d) Die Militärbehörde ist mit dem Ersuchen an mich herangetreten, im A-Falle einige Hundert staatsgefährliche Elemente in einem Konzentrationslager in der Nähe Berlins unterzubringen. Ich habe hierfür das neue Konzentrationslager Sachsenhausen vorgesehen.

4. Nachdem ich in vorstehenden Ausführungen die zwingende Notwendigkeit und Dringlichkeit zur Errichtung eines Konzentrationslagers in der Nähe von Berlin dargetan habe, bitte ich nunmehr, unter Überreichung einer Lageplanskizze und mit Bezug auf die gestrige mündliche Besprechung und Besichtigung an Ort und Stelle, über die zuständige Regierung in Potsdam (z.Hd.des Herrn Forstmeister Lubisch) beim Reichsforstamt die Genehmigung zur Abtretung und Überschreibung der in der Anlage rot angezeichneten Waldflächen an den Preußischen Staat (Preußische Geheime Staatspolizei) zum Zwecke der Errichtung des Lagers nunmehr baldgefl. zu veranlassen, damit mit der Inangriffnahme der Barackenerrichtung umgehend begonnen werden kann, da laut Vereinbarung mit dem Reichsarbeitsdienst das K.L.Esterwegen bis zum 1.Okt.d.Jhs. geräumt und das neue Lager bei Sachsenhausen für die Unterbringung der Schutzhäftlinge bis zu diesem Zeitpunkt fertig sein muß.

Die Errichtung und Unterhaltung von Konzentrationslagern ist eine polizeiliche Angelegenheit und nach wie vor, als solche, Angelegenheit der Länder; im vorliegenden Falle also Aufgabe des Landes Preußen. Unter diesen Umständen bitte ich von einer Bezahlung des Wertes der abzutretenden Waldfläche abzusehen und, wie auch in früheren Fällen geschehen, diese mir zu den angegebenen Zwecke unentgeldlich zu überlassen.

Für größtmögliche Beschleunigung wäre ich dankbar.

J.A.

Aus: Sachsenhausen. Dokumente, Aussagen, Forschungsergebnisse und Erlebnisberichte über das Konzentrationslager Sachsenhausen, hrsg. von der Zentralleitung des Komitees der Antifaschistischen Widerstandskämpfer der Deutschen Demokratischen Republik, 4. Aufl., Berlin (Ost) 1986 bruar 1933 im einstigen Tiefkühlkeller einer stillgelegten Brauerei eines der ersten „wilden" KZ Deutschlands von der Berliner SA eingerichtet worden. Als in der zweiten Hälfte des Jahres 1933 viele dieser unorganisierten Lager wieder aufgelöst wurden, sicherte der Oranienburger Kommandant, SA-Führer Schäfer, zunächst die Weiterexistenz seines Lagers, indem er beim Innenministerium die staatliche Anerkennung seines KZ's durchsetzte. Bis 1935 wurden dann in diesem Lager noch mehr als 7 000 „Schutzhäftlinge" gefangengehalten; im Schloß Oranienburg wurden außerdem 1934/35 SS-Wachverbände für den Einsatz im Berliner Columbia-Haus, einem Gefängnis der Gestapo, ausgebildet. Dennoch besaß das KZ Oranienburg stets nur provisorischen Charakter — und wurde schließlich doch noch aufgelöst.

Dann brachte Himmler, der als Reichsführer der SS für den Aufbau der Stammkonzentrationslager verantwortlich zeichnete, Sachsenhausen bei Oranienburg als Standort für ein neues, „ordentliches" KZ ins Gespräch. In einem Schreiben an den Reichsjustizminister begründete er seine Wahl:

„Nachdem die Wehrmacht wiederholt ein starkes Interesse an der Errichtung eines großen Lagers in der nächsten Umgebung von Groß-Berlin mit umfassenden Erweiterungsmöglichkeiten ... zum Ausdruck gebracht hat, habe ich Weisung erteilt, sofort den Neubau zu beginnen."
Zit. nach: Falk Pingel, *Häftlinge unter SS-Herrschaft. Widerstand, Selbstbehauptung und Vernichtung im Konzentrationslager*, Hamburg 1978, S. 250.

Er wolle, fuhr Himmler in seinem Brief fort, in Sachsenhausen ein „jederzeit erweiterungsfähiges, modernes und neuzeitliches KZ, das ... sowohl in Friedenszeiten sowie für den Mobilisierungsfall die Sicherheit gegen Staatsfeinde gewährleistet."

Das KZ Sachsenhausen sollte also vor allem dazu dienen, die Hauptstadt Berlin und ihr Hinterland von politischen Gegnern freizuhalten. Zum anderen bot die kleine Landgemeinde Sachsenhausen aber auch den Anschein dörflicher Harmlosigkeit und stellte somit eine gewisse natürliche Abschirmung gegen die weltstädtische Neugier der pulsierenden Metropole Berlin und ihrer Bewohner und Besucher dar. Die Leitung der SS entschied deshalb, in Sachsenhausen nicht nur ein Stammkonzentrationslager zu errichten, sondern sogar die zentrale Leitung aller Lager in Deutschland nach Oranienburg zu verlegen. Entsprechend den Plänen der SS-Führung — und vor allem des Inspekteurs der Konzentrationslager, Theodor Eicke — sollte in jedem Teil des Reiches mindestens ein großes Konzentrationslager entstehen.

Häftlinge bei Ausschachtungsarbeiten für den Bau von SS-Kasernen.
Aus: Sachsenhausen, a.a.O.

Das KZ Sachsenhausen war dafür als ein „Musterobjekt" vorgesehen. Alle weiteren „ordentlichen" Stammkonzentrationslager sollten vor allem nach diesem Beispiel gestaltet werden. Himmler ließ daher auch eine der wichtigsten Ausbildungsstätten der SS nach Sachsenhausen legen, in der die Männer in den schwarzen Uniformen für ihren „speziellen" Dienst als Blockleiter, Rapportführer oder Lagerkommandanten in den später insgesamt 2 000 KZ's, Außenlagern und Außenkommandos vorbereitet wurden. So besaß das KZ Sachsenhausen von Anfang an für die SS eine besondere Bedeutung.

Der Aufbau des Lagers ging zügig vonstatten. Die SS trieb die Häftlinge zu großer Eile an und forderte immer wieder zusätzliche Gefangene aus anderen Lagern an, um sie bei der Arbeit in Sachsenhausen einzusetzen. Das Schutzhäftlingslager Esterwegen wurde in diesem Zusammenhang bereits 1936 ganz aufgelöst, nachdem alle Gefangenen nach Sachsenhausen verlegt worden waren. Hunderte, meist aus politischen Gründen Inhaftierte aus den Gefängnissen Sachsenburg und Lichtenburg kamen im Herbst 1936 und in den Wintermonaten 1936/37 ebenfalls nach Sachsenhausen. Ende 1936 befanden sich hier schon mehr als 2.000 Gefangene. Dennoch war die KZ-Anlage nur von einem einfachen Stacheldrahtzaun umsäumt, der die Inhaftierten an der Flucht hindern sollte. Doch mit den rasch steigenden Gefangenenzahlen wurden auch die Sicherungsanlagen weiter perfektioniert.

Zu Beginn des Jahres 1937 stellten die Häftlingsarbeiter den ersten Barackenzug fertig, der den Appellplatz umrandete und nun als Unterkunft diente. Aber die Lagerstärke wuchs 1937 um weitere 750 „Schutzhäftlinge" an, so daß sich in den armseligen Behausungen der Gefangenen bald wieder eine drückende Enge bemerkbar machte. Bis zum Dezember 1937 wurde der Lagerkomplex deshalb auf 51 Baracken erweitert. Zur Anlage gehörte jetzt neben den Wohnbaracken für die Gefangenen sowie den Kasernen und Unterkünften für die SS-Aufseher auch ein lagereigenes Gefängnis, in das sofort nach Fertigstellung Häftlinge aus dem Berliner Columbia-Haus und dem Gefängnis in der Prinz-Albrecht-Straße eingeliefert wurden.

Die Bewachungsmannschaft des KZ Sachsenhausen bestand vorwiegend aus ostfriesischen und brandenburgischen Einheiten der SS-Totenkopfstandarten, die zuvor in Esterwegen stationiert gewesen waren. Ihre Zahl belief sich schon im August 1937 auf mehr als 1 000 SS-Männer. Ledige SS-Angehörige wohnten im Kommandanturbereich des Lagers, während verheiratete Offiziere mit ihren Familien im Ort Sachsenhausen untergebracht waren, um einen direkten Kontakt der Familienangehörigen mit den „Schutzhäftlingen" zu verhindern.

Doch die Größenordnung des Lagers, das bereits jetzt wie eine eigene Stadt anmutete, in der viele Tausend Menschen nach bestimmten Regeln leben und überleben mußten, nahm weiter zu. Allein im Juni 1938 wurden nach dem sogenannnten „Asozialen-Erlaß" mehr als 6 000 Personen zwangsweise nach Sachsenhausen gebracht. Dabei handelte es sich in erster Linie um Angehörige der Roma und Sinti, die als „Zigeuner" bezeichnet wurden, sowie um „Arbeitsscheue", Landstreicher und Vorbestrafte, die nach Auffassung des NS-Regimes in Deutschland keinen Platz mehr haben sollten. Ihnen folgten im November 1938 — nach den von den Nationalsozialisten beschönigend und verhüllend als „Reichskristallnacht" bezeichneten Pogromen — mehr als 500 jüdische Bürger, die wie Vieh auf Güterwaggons zusammengepfercht eingeliefert wurden. Auch ausländische Gefangene tauchten nun erstmals im Lager auf: 20 Österreicher, die sich gegen den „Anschluß" ihres Landes an Hitler-Deutschland im März 1938 gewehrt hatten. Im Herbst 1939 wurden dann mehr als 2 000 tschechische Studenten und Professoren nach Sachsenhausen verschleppt, die es gewagt hatten, der Unrechtspolitik des NS-Regimes in ihrer Heimat entgegenzutreten.

Mit Beginn des Zweiten Weltkrieges und der Besetzung einer wachsenden Zahl europäischer Länder durch deutsche Truppen wurden schließlich immer mehr Ausländer in nationalsozialistische Konzentrationslager eingeliefert. Sachsenhausen bildete hierin keine Ausnahme. Nach dem Überfall der Wehrmacht auf Polen trafen vom Herbst 1939 bis zum Frühjahr 1940 große Transporte polnischer Staatsangehöriger an, so daß die SS-Lagerstatistiken schon für die ersten beiden Kriegsjahre mehr als 1700 polnische Häftlinge verzeichnen. Der Angriff Deutschlands auf die Sowjetunion im Juni 1941 führte dann auch zur Einlieferung von Tausenden sowjetischen Gefangenen — vermutlich mehr als 13 000, fast ausschließlich Soldaten, die zum größten Teil von der SS innerhalb weniger Wochen ermordert wurden.

Da das Lager aufgrund des ständigen Zustroms von Häftlingen bereits 1939 stark überbelegt war, entschied sich die SS-Führung nochmals zu einer Erweiterung des Komplexes — vor allem des Häftlingsbereichs. Das Lager, das 1936 auf einer Fläche von zunächst 31 Hektar errichtet worden war, erstreckte sich nach dieser Erweiterung

Belegzahlen im KZ Sachsenhausen

Jahr	Zugänge	Anzahl der Gefangenen (per 31.12.)
1936	2 150	ca. 2 000
1937	750	2 523
1938	8 300	8 309
1939	9 144	12 168
1940	18 925	10 577
1941*	8 662	10 709
1942	16 590	16 577
1943	20 091	28 224
1944	50 560	47 709
1945 Jan.	26 321	72 426
Feb.	8 170	78 799
März	20 303	95 541

* Ohne sowjetische Kriegsgefangene

(Die Zahlen über die sowjetischen Kriegsgefangenen sind in der Literatur sehr unterschiedlich; sie schwanken zwischen 10 000 und 20 000.)

Angaben nach: Lagermuseum der Nationalen Mahn- und Gedenkstätte Sachsenhausen. Die angeführte Statistik enthält nur ungefähre Zahlenangaben, obwohl die meisten der in Sachsenhausen eingelieferten Personen von der Lagerverwaltung registriert wurden. Da die SS kurz vor Kriegsende noch Unterlagen vernichtete, liegen für bestimmte Zeiträume jedoch nur Schätzungen vor.

1944 über fast 400 Hektar. Dennoch waren die Gefangenen praktisch immer gezwungen, unter extrem beengten Verhältnissen in ihren Unterkünften zu hausen. Jeweils mehrere Häftlinge mußten sich ein Bett teilen. Drückende Enge überall.

Nach Auschwitz war das KZ Sachsenhausen das größte Lager überhaupt. Mehr als 200 000 Menschen aus zwanzig Nationen waren hier von 1936 bis 1945 inhaftiert. Nur jedem zweiten von ihnen gelang es, Sachsenhausen wieder lebend zu verlassen. Als das Lager im April 1945 von Truppen der sowjetischen und polnischen Armee befreit wurde, waren die Krematoriumsöfen nach Aussagen der Soldaten noch nicht erkaltet. In zwei Gruben fanden sie 27 Kubikmeter Menschenasche, 8 Tonnen menschliches Haar und Berge von Zahnersatz. Sachsenhausen war zwar — anders als Auschwitz — von den Nationalsozialisten nicht als Vernichtungslager eingerichtet worden. Aber auch in Sachsenhausen wurden Tausende von Häftlingen erschossen, zu Tode gequält, vergast und verbrannt. Die meisten derjenigen aber, die hier starben, kamen nicht auf diese Weise um, sondern gingen an den Bedingungen des unmenschlichen Lageralltags zugrunde.

Nationalität	1941	1942	1943	1944	1945
Tschechoslowaken	177	—	194	472	—
Polen	900	—	3764	17688	4985
Holländer	199	—	138	2905	274
Franzosen	244	—	2799	5402	544
Norweger	21	120	1509	585	—
Deutsche	3304	1483	—	4618	1389
Sowjetbürger	20000	6516	5649	7384	2829
Belgier	—	—	185	1790	192
übrige Nationen	—	6040	2174	12955	5144

Aus: Sachsenhausen. Dokumente, Aussagen, Forschungsergebnisse und Erlebnisberichte über das ehemalige Konzentrationslager Sachsenhausen, hrsg. vom Komitee der Antifaschistischen Widerstandskämpfer der Deutschen Demokratischen Republik, 2. Aufl., Berlin (Ost) 1974, S. 27. — Die Angaben entstammen einem Rapportbuch der SS. Striche bedeuten nicht, daü in dem jeweiligen Jahr keine Gefangenen eingeliefert wurden, sondern daß keine Angaben vorliegen. Die Zahlen über die sowjetischen Kriegsgefanenen sind in der Literatur sehr unterschiedlich; sie schwanken zwischen 10000 und 20000.

2. Unterkünfte und Lagerorganisation

Der Aufbau des KZ Sachsenhausen erfolgte nach Richtlinien, die auf Erfahrungen mit dem Lager Dachau beruhten und von der SS-Führung genau vorgegeben wurden. Der Grundriß der Anlage besaß die Form eines gleichschenkligen Dreiecks, dessen Länge an jeder Seite 680 Meter betrug. Der gesamte Lagerkomplex bestand aus Kommandantur, Verwaltungsgebäude, Werkstätten, Fertigungsbetrieben, Garagen, SS-Kasernen und Siedlungen sowie dem eigentlichen Häftlingsbereich, der aber nur den kleineren Teil der Anlage ausmachte.

Den Mittelpunkt des Lagers bildete der Appellplatz mit dem Galgen, der einmal im Jahr — am Heiligabend — durch einen festlich geschmückten Weihnachtsbaum ersetzt wurde. Die Gefangenenbaracken waren fächerförmig in vier Reihen hintereinander angeordnet und auf den Wachturm „A" ausgerichtet. In diesem Wachturm, der zugleich als Einlaßpforte diente, befand sich die Befehlszentrale der SS-Lagerleitung.

Die Häftlingsanlage, die anfangs eine Fläche von 18 Hektar umfaßte, unterteilte sich 1942 in:

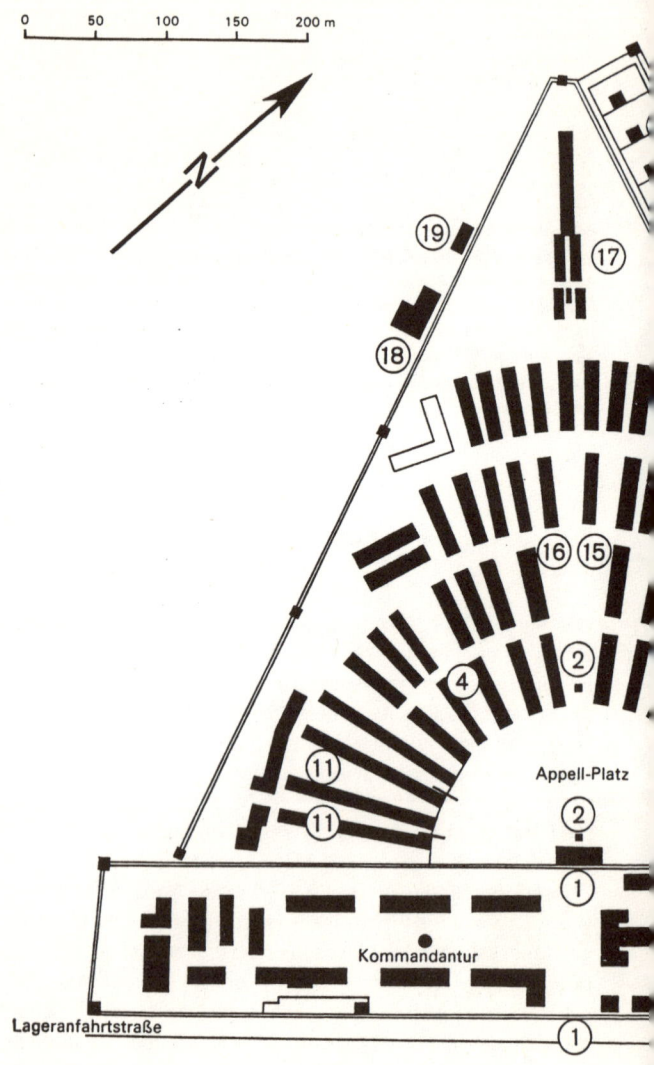

Grundriß des Sachsenhausener Lagerkomplexes (1944)

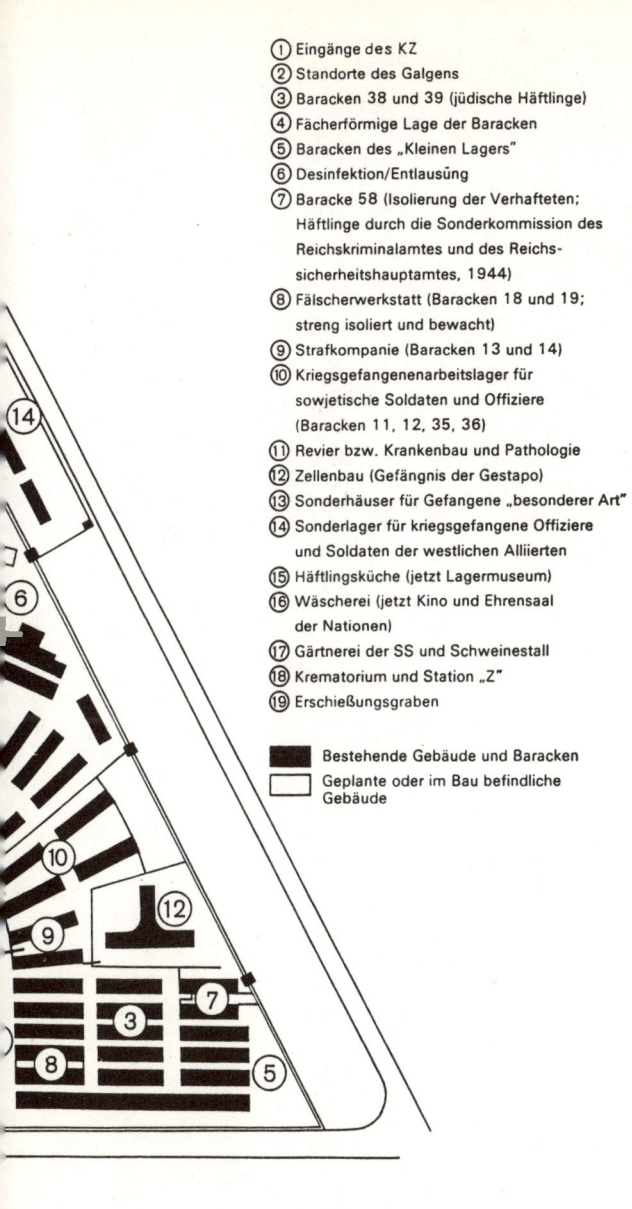

① Eingänge des KZ
② Standorte des Galgens
③ Baracken 38 und 39 (jüdische Häftlinge)
④ Fächerförmige Lage der Baracken
⑤ Baracken des „Kleinen Lagers"
⑥ Desinfektion/Entlausung
⑦ Baracke 58 (Isolierung der Verhafteten; Häftlinge durch die Sonderkommission des Reichskriminalamtes und des Reichssicherheitshauptamtes, 1944)
⑧ Fälscherwerkstatt (Baracken 18 und 19; streng isoliert und bewacht)
⑨ Strafkompanie (Baracken 13 und 14)
⑩ Kriegsgefangenenarbeitslager für sowjetische Soldaten und Offiziere (Baracken 11, 12, 35, 36)
⑪ Revier bzw. Krankenbau und Pathologie
⑫ Zellenbau (Gefängnis der Gestapo)
⑬ Sonderhäuser für Gefangene „besonderer Art"
⑭ Sonderlager für kriegsgefangene Offiziere und Soldaten der westlichen Alliierten
⑮ Häftlingsküche (jetzt Lagermuseum)
⑯ Wäscherei (jetzt Kino und Ehrensaal der Nationen)
⑰ Gärtnerei der SS und Schweinestall
⑱ Krematorium und Station „Z"
⑲ Erschießungsgraben

■ Bestehende Gebäude und Baracken
□ Geplante oder im Bau befindliche Gebäude

Frontalansicht der Häftlingsbaracken.
Aus: Sachsenhausen, a.a.O

51 Wohnbaracken
 6 Baracken für Kriegsgefangene
 7 Baracken für medizinische Zwecke und Notversorgung (der sogenannte „Krankenbau")
 9 Baracken mit Entlausungs- und Trockenräumen, Lagerschreibstube, Verwaltung, „Kantine", Effektenkammer, Häftlingsbad, Duschräumen und einer Buchaufbewahrungsstelle
 6 Baracken mit Lagerwerkstätten, Küche, Vorratsspeichern, Wäscherei, Gefängnis (genannt „Zellenbau"), pathologischer Abteilung mit einem 230 qm großen Leichenkeller sowie einer Gärtnerei und Stallungen.

Die Häftlingsblocks waren durchnumeriert. An Block 9 war eine weithin sichtbare Tafel angebracht, der einen zynisch anmutenden Ausspruch Himmlers enthielt:

Es gibt einen Weg zur Freiheit
Seine Meilensteine heissen:
Gehorsam, Fleiss, Ehrlichkeit,
Ordnung, Sauberkeit, Nüchternheit,
Wahrhaftigkeit, Opfersinn und
Liebe zum Vaterlande!

Zusätzlich hatte die SS die einzelnen Worte dieses Ausspruchs in riesigen Lettern mit weißer Farbe auf die einzelnen Unterkunftsbaracken aufmalen lassen. Ausgerechnet am berüchtigten Block 11, in dem die Häftlinge der Strafkompanie unter besonders schwierigen Bedingungen leben mußten, stand das Wort „Liebe".

Die Wohnverhältnisse in den Baracken waren überaus beengt. In den Blöcken, die ursprünglich für je 146 Personen geplant worden waren, hausten oft mehr als 250 Menschen. In einigen „Massenblocks" waren sogar über 400 Gefangene untergebracht. Die Einrichtung in den Tages und Schlafräumen war karg: lange Tische und Bänke aus Holz, dazu unverschließbare Spinde, in denen die Lagerinsassen ihre wenigen Habseligkeiten unterbringen konnten. Als Schlafstellen dienten mehrstöckige Pritschen, in Zweierreihen übereinander angeordnet, mit Strohsäcken und Wolldecken belegt. Oft mußten sich mehrere Häftlinge eines der nur 70 cm breiten Betten teilen. Erholung von den körperlichen Strapazen des Tages war so nur schwer möglich. In den sogenannten „Judenblocks" gab es jedoch überhaupt keine Betten; hier mußten aufgeschüttete Strohhaufen als Ruhestätte genügen.

Auch die in den Baracken herrschenden hygienischen Verhältnisse waren katastrophal. Hunderte von Menschen mußten sich bei ihrer täglichen Notdurft zwei bis drei Latrinen teilen. Für die Körperreinigung standen in jedem Block nur wenige Waschbecken zur Verfügung.

Geheizt wurde mit einem im Aufenthaltsraum der Unterkunft aufgestellten Eisenofen, der von den Häftlingen aber nur am Tage und nur mit ausdrücklicher Genehmigung des SS-Wachhabenden betrieben werden durfte. Die Kälte der langen Winternächte konnte damit kaum aus den Schlafstellen der Gefangenenbaracken vertrieben werden. Zudem mußten die Häftlinge oft auch noch in den tagsüber klamm gewordenen Wolldecken schlafen. Die häufig durchnäßte Kleidung der Arbeitskommandos wurde auf diese Weise selbst über Nacht nicht trocken, so daß die Gefangenen am nächsten Morgen wieder ihr noch feuchtes Drillich-Zeug anziehen mußten.

Bestimmte Gruppen von Lagerinsassen waren in Sachsenhausen gesondert untergebracht. Vor allem jüdische Bürger sowie sowjetische Soldaten und Offiziere wurden, abgeschirmt von den übrigen Lagerinsassen, in Isolierungshaft gehalten, wo sie unter zusätzlich erschwerten Bedingungen, verringerten Essenszuteilungen und besonderen Schikanen der Bewacher wenig Überlebenschancen besaßen. Es gab auch eine Sonderabteilung der „Knochenmänner", bei denen es sich um Angehörige der SS handelte, die sich eines Vergehens schuldig gemacht hatten und nun im Lager ihre Strafe abbüß-

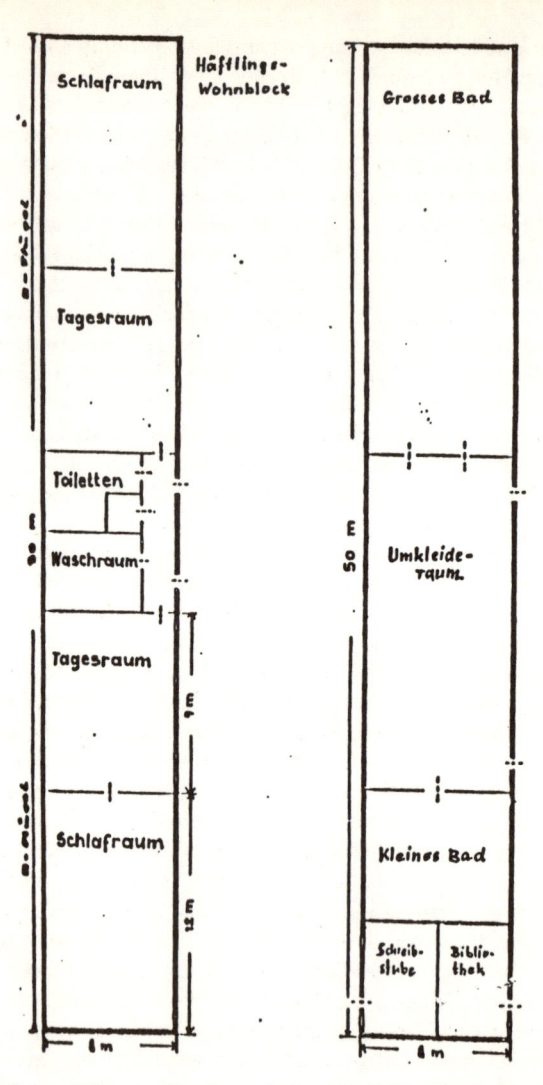

Grundriß einer Gefangenenbaracke sowie des „Blocks B" (Schreibstube, Bibliothek und Bad).

ten. Sie standen jedoch in keinerlei Kontakt zu den übrigen Häftlingen und führten selbst im KZ immer noch ein recht angenehmes Leben. Sie trugen weiterhin ihre schwarzen SS-Uniformen — wenngleich ohne Rangabzeichen, besaßen einen eigenen, vergleichsweise komfortabel eingerichteten Unterkunftsblock, waren von jeglicher Arbeit befreit, erhielten reichliche und gute Kost sowie viele andere Vergünstigungen und Annehmlichkeiten und durften gelegentlich sogar zur eigenen „Unterhaltung" an den Ausschreitungen der Lager-SS gegen die anderen Häftlinge teilnehmen.

An Flucht wagte in Sachsenhausen kaum einer der Gefangenen ernsthaft zu denken. Zu scharf war das Lager gesichert und bewacht. So gab es allein 18 Wachtürme, auf denen Totenkopf-Männer mit schweren Maschinengewehren rund um die Uhr ihren Dienst versahen. Außerdem war das Lager von einem mehrfach gegliederten Todesstreifen umgeben, der kaum zu überwinden war. In der inneren Zone dieses Streifens waren auf einem Rasenabschnitt Warnschilder mit aufgemalten Totenköpfen aufgestellt. Daran schloß sich der sogenannte Todesweg an: ein schmaler schlauchartiger Pfad, der auch als „neutrale" Zone bezeichnet wurde. Jeder Häftling wußte, daß die Posten auf den Wachtürmen Befehl hatten, ohne Anruf sofort auf jeden zu schießen, der es nur wagte, einen Fuß auf dieses Gelände zu setzen. Ein weiterer, drei Meter breiter Weg, auf dem SS-Aufseher patrouillierten, eine 2,70 Meter hohe Backsteinmauer, Stolperdrähte, spiralförmig gelegter Stacheldraht, „Spanische Reiter" sowie elektrisch geladene Zäune unter tödlicher Hochspannung bildeten schließlich nach außen hin den Abschluß dieses nahezu undurchdringlichen Sperrgürtels.

Für die SS-Führung waren alle diese baulichen und sonstigen Maßnahmen, die sie in Sachsenhausen getroffen hatte, ein Grund, stolz zu sein. Immer wieder wurde in- und ausländischen Besuchern — Journalisten, Offizieren der mit Deutschland verbündeten Staaten, aber auch mißtrauischen Wehrmachtsangehörigen —, vor Augen geführt, wie mustergültig das „Schutzhaftlager" Sachsenhausen funktionierte. Allerdings wurden von der Kommandantur in Sachsenhausen stets besondere Vorkehrungen getroffen, wenn eine derartige Visite ins Haus stand. So verhängte die Lagerleitung zum Beispiel eine „Sperre" über den gesamten Häftlingsbereich, was bedeutete, daß keiner der Gefangenen sich mehr blicken lassen durfte; tat jemand es dennoch, drohte ihm eine rigide Strafe. Bestimmte Häftlingsbaracken, vor allem der Block, der zur Krankenstation gehörte, wurden speziell präpariert; die Schwerkranken wurden fortge-

Todesstreifen. Aus: Sachsenhausen, a.a.O.

schafft, die Innenausstattung neu hergerichtet. Lagerkommandant Baranowski, der es sich nie nehmen ließ, die Besuchergruppen selbst im Lager herumzuführen, konnte den Gästen dann Patienten in frisch bezogenen Betten vorzeigen, die scheinbar gut verpflegt und nach allen Regeln der Medizin versorgt waren.

Harry Naujoks, ein ehemaliger Lagerältester von Sachsenhausen, schilderte später, wie solche Führungen abliefen und wie Baranowski in seinen Ausführungen vor den Besuchern das Bild eines idyllischen, entspannten Lebens ausbreitete, das die „unverbesserlichen Staatsfeinde" in Sachsenhausen auf Kosten der Volksgemeinschaft führen dürften:

„Am Beginn des Rundgangs bittet Baranowski die Besucher, stets zusammenzubleiben und sich auf keinen Fall von der Gruppe zu entfernen; denn vor einigen Tagen sei ein SS-Mann allein in ein Häftlingslager gegangen und bisher nicht wieder zurückgekommen. Obwohl das ganze Lager durchsucht worden sei, habe man nichts von ihm wiedergefunden. Der Kommandant läßt den Leuten keine Zeit zum Nachdenken. Fragen überhört er oder reagiert mit noch größerem Schwindel. Er geht zum Beispiel mit einer Besuchergruppe in die Gärtnerei. Vor einem Tomatenbeet erklärt er, daß jeder Häftling eine Tomatenpflanze habe, die er selbst aufziehen und pflegen müsse; die geernteten Früchte gehörten ihm allein. Zur Probe aufs Exempel ruft er einen Häftling: ‚Komm her, mein Sohn, zeig mir deine Staude und pflück dir eine Tomate!' Der Häftling weiß nicht, was er machen soll und welche Teufelei dahintersteckt. Als Baranowski dann ungeduldig wird und

..., folgt der Häftling und ißt irgendeine Tomate... Es kommt zwar die Frage, woran die Häftlinge ihre Tomaten erkennen, aber kein Besucher fragt, wo denn die Pflanzen für die anderen 10 000 Häftlinge stehen."

Aus: Harry Naujoks, *Mein Leben im KZ Sachsenhausen 1936-1942. Erinnerungen des ehemaligen Lagerältesten*, hrsg. von Martha Naujoks und dem Sachsenhausen-Komitee für die BRD, Köln 1987, S. 83.

Was nur wenige Meter entfernt geschah — in der Todesstation, den Verbrennungsöfen, im Erschießungsgraben, erfuhren die Besucher nicht. Und unter welch entwürdigenden Bedingungen — unterernährt, siechend und frierend — die Gefangenen in den Baracken, die nicht für die Besichtigung hergerichtet worden waren, dahinvegetierten, blieb ihnen gleichfalls verborgen.

III. Leben im Lager

1. Ankunft

Was es bedeutete, als „Schutzhäftling" in ein KZ eingeliefert zu werden, bekamen die Verhafteten bereits zu spüren, noch ehe sie das eigentliche Lager erreichten. Die Inhaftierung erfolgte meist überraschend: Die Gestapo gestattete es ihren Opfern oft nicht einmal, Verwandten oder Freunden eine Nachricht zukommen zu lassen, so daß diese über den Verbleib und das weitere Schicksal der Festgenommenen im unklaren blieben. Häufig wurde dem „Schutzhäftling" nicht einmal gestattet, das Nötigste für seinen persönlichen Bedarf zusammenzupacken, so daß immer wieder Menschen in Schlafanzug und Pantoffeln im Lager eintrafen.

Die Sicherheitsbehörden schickten die Opfer ihrer Verfolgung einfach „auf Transport". Das hieß: tagelange Fahrten auf Lieferwagen oder in fensterlosen Güter und Viehwaggons, ohne Essen und Trinken, ohne Toiletten, zusammengepfercht mit Hunderten anderer Menschen aller Altersgruppen; die Wagen verschmutzt von Fäkalien, die Luft erfüllt von ekelerregendem Gestank — Strapazen, denen Kranke oder Gebrechliche oft nicht gewachsen waren. Dazu kam die Ungewißheit: wohin die Reise ging, was die Häftlinge erwartete und wie lange der Freiheitsentzug andauern würde.

Wer die beschwerliche Fahrt überstand, fand sich schließlich in einem Konzentrationslager wieder — etwa in Sachsenhausen. Dort machten sich viele der ahnungslosen Neuankömmlinge aber noch Hoffnungen. Denn über dem Eingang prangte in großen Lettern: „Schutzhaftlager". Am schmiedeeisernen Gittertor stand: „Arbeit macht frei". Und auch der Lagerkommandant wies die Eintreffenden in einer kurzen „Begrüßungsansprache" zunächst darauf hin, daß es sich hier nicht um ein Gefängnis oder Zuchthaus, sondern um eine „Erziehungsanstalt besonderer Art" handele. Viele der gerade eingelieferten Gefangenen klammerten sich deshalb an die Illusion, daß alles schon nicht so schlimm werden würde. Einer der ehemaligen

Das Tor „A" des KZ Sachsenhausen mit der Inschrift „Schutzhaftlager"

Häftlinge von Sachsenhausen erinnerte sich später der falschen Vorstellungen, die er bei seiner Ankunft dort hatte:

„Barhäuptig zog die Kolonne ... durchs Tor, über dem zu lesen war: Schutzhaftlager. Schutzhaftlager? Das kann nicht so schlimm sein. Konzentrationslager ist viel schlimmer, so war die Meinung der Ankommenden."

Aus: Heinrich Lienau, *Zwölf Jahre Nacht. Mein Weg durch das Tausendjährige Reich*, Flensburg-Nielsen 1949, zit. nach: Sachsenhausen. Dokumente, a.a.O., S. 25.

Sehr schnell machten die SS-Männer in den schwarzen Uniformen den unwissenden Neuzugängen jedoch klar, wie die Lagerwirklichkeit aussah. Einige bekamen bereits bei ihrem Eintreffen auf dem Bahnhof Oranienburg einen ersten Eindruck vom „Umgangston", der im Lager herrschte. Fritz Rettmann berichtete über seine Ankunft:

„Der Häftlingstransport fuhr in Oranienburg auf ein Sondergleis. Mit brutaler Nachhilfe der SS-Mannschaft wurden wir zum Lager getrieben, über dessen Eingang ‚Arbeit macht frei' stand. Welch ein Hohn! ... Mit Maschinengewehren bestückte Wachtürme, so angelegt, daß das ganze Lager unter Beschuß genommen werden konnte, elektrisch geladene Stacheldrahtumzäunung, das war der erste Eindruck."

Aus: Fritz Rettmann, *Aus dem Leben eines Sozialisten*, Berlin (Ost) 1963, S. 71.

Ähnlich düster mutet der Rückblick eines anderen Betroffenen an, der über seine ersten Erfahrungen in Sachsenhausen schrieb:

„Frühmorgens um 3.00 Uhr kamen wir auf dem Bahnhof an. Die ‚Grüne Minna' holte uns ab. Ungefähr fünfzig Gefangene wurden in den Wagen geprügelt. Die anderen mußten sich vom Bahnhof Oranienburg nach Sachsenhausen im Laufschritt bewegen. Dort mußten wir zwei Stunden am Tor in Kniebeuge verharren... Am Tag der Einlieferung wurden mir gleich die Zähne ausgeschlagen. Nach dem Appell mußten wir wieder bis Mittag in Kniebeuge verharren... Viele Tote sahen wir im Lager auf der Erde liegen... Einer von unserer Gruppe war auch dabei. Der SS-Oberführer Anton Birke, genannt „Schweinebacke", hat ihm so in den Bauch getreten, daß er gleich tot umfiel."

Zit. nach: Monika Knop, *Spanienkämpfer im antifaschistischen Widerstandskampf des KZ Sachsenhausen*, Oranienburg 1986, S. 14 f.

Im Bonner Sachsenhausen-Prozeß 1958/59 schilderte ein anderer Zeuge seine Ankunft in Sachsenhausen:

„Anfang August 1941 kam ich nach Sachsenhausen... Die Mißhandlungen von der Bahn bis zum Lager waren bereits derart, daß ich mir sagte: Hier komme ich niemals lebend heraus. Ein jüdischer Häftling wurde ... gleich am Tor so schwer geschlagen, daß er liegenblieb. Ich wurde ebenfalls gleich bei der Einlieferung ... mißhandelt."

Aus: H. G. Dam und Ralph Giordano (Hrsg.), *KZ-Verbrechen vor deutschen Gerichten. Dokumente aus den Prozessen gegen Sommer (KZ Buchenwald), Sorge, Schubert (KZ Sachsenhausen), Unkelbach (Ghetto in Czenstochau)*, Frankfurt am Main 1962, S. 178.

Für die Neuzugänge hieß es nach dem Eintreffen im Lager zunächst: Antreten zum Appell. Einer der damaligen Häftlinge erinnerte sich:

„Nun standen sie da, in Reihen ausgerichtet und zu fünfen hintereinander, die Kopfbedeckung trotz des eisigen Windes in der Hand, mit dem Gesicht der grauen Mauer zugewandt. Vorn, durch die Schneedecke hindurchscheinend, ein Warnschild mit dem Totenkopf und Knochen. Bilder wie auf den üblichen Giftflaschen. Dem elektrischen Stacheldrahtzaun waren Spanische Reiter vorgelagert."

Aus: Lienau, *Zwölf Jahre Nacht*, zit. nach: Sachsenhausen. Dokumente, a.a.O., S. 25.

Von Anbeginn an wurden die Neuankömmlinge hart angepackt. Arnold Weiß-Rüthel berichtete:

„(Wir) erhielten ... den Befehl, seitwärts vom Tor Aufstellung zu nehmen, wo wir, das Gesicht der Mauer zugekehrt, das Weitere abwarteten.

Das Weitere kam! Es kam in Gestalt von SS-Männern, deren jeder im Sinne der Exclusivität, die das Lager auszeichnete, nun auf eigene Faust Vernehmungen durchführte und — da sie, wie ich bei dieser Gelegenheit bemerkte, auch mit persönlicher Exekutivgewalt ausgestattet waren — das Urteil gleich auf dem Fuß folgen ließ und vollstreckte. Einhundertfünfzig erwachsene Menschen aus den verschiedensten Berufs- und Gesellschaftsschichten waren hilflos der sich nun in der brutalsten Form äußernden Willkür inquirierender SS-Männer ausgesetzt. Mit Ohrfeigen, Fausthieben, Kinnhaken, Bauch und Magenschlägen, Fußtritten in den Unterleib oder gegen die Schienbeine wurde hier an Menschen, die ihre Vergehen entweder in längeren Zuchthaus- oder Gefängnisstrafen bereits abgebüßt hatten oder denen überhaupt nichts Konkretes nachzuweisen war, eine nachträgliche Privatjustiz geübt ... Drei ältere jüdische Häftlinge ..., ferner zwei Bibelforscher und ein Arzt aus Berlin waren bald so grauenhaft zugerichtet, daß sie mit blutunterlaufenen Gesichtern, zerschundenen Beinen und zertretenen Händen vor uns auf dem Betonboden lagen... Es regnete die Hiebe und Stöße nur so von allen Seiten... Die Getroffenen stürzten wie Mehlsäcke zu Boden, wurden wieder hochgerissen, noch einmal geschlagen; die Scherben zerbrochener Brillengläser zerschnitten die Gesichter, Blut besudelte Wäsche und Kleider — neben mir, vor mir, hinter mir, auf allen Seiten knickten die Menschen zusammen..."

Aus: Arnold Weiß-Rüthel, *Nacht und Nebel. Ein Sachsenhausen-Buch*, Berlin-Potsdam 1949, S. 43 f.

Dann hieß es Warten: oft stundenlang im sogenannten „Sachsengruß" — in Hockstellung mit hinter dem Kopf verschränkten Armen, regungslos, bei Wind und Wetter. Wenn Neuzugänge abends im Lager eingetroffen waren, kam es auch vor, daß die SS-Aufseher sie erst einmal — selbst bei strenger Kälte — über Nacht im Freien stehen ließen, zum Teil mit entblößten Oberkörpern oder sogar gänzlich nackt. Kommentar des Lagerkommandanten zu dieser Maßnahme, die entkräfteten, gebrechlichen Menschen immerhin das Leben kosten konnte: „Den Kanaken sollen erst mal die Läuse einfrieren".

Wenn die Ankömmlinge so die ersten Eindrücke vom Lagerleben in Sachsenhausen erhalten hatten, machte Kommandant Baranowski sie in einer kurzen Ansprache mit der wichtigsten „Grundregel" bekannt, die von allen Häftlingen zu befolgen war: Unbedingter Gehorsam gegenüber dem SS-Wachpersonal! Am Ende schloß er dann stets mit dem Hinweis, daß hier mit Ausnahme des Teufels niemand etwas zu lachen habe — und der sei er selber!

Anschließend wurden die eingetroffenen Gefangenen, die in einer Reihe auf dem Appellplatz antreten mußten, von SS-Offizieren verhört. Wer nicht rasch und zackig genug antwortete oder durch das Tragen einer Brille als vermeintlicher Intellektueller auffiel, lief Gefahr, zur „Begrüßung" Schläge und Fußtritte zu erhalten. Besonders berüchtigt war der SS-Rapportführer Gustav Sorge, der wegen seiner brutalen Vernehmungsmethoden nur der „Eiserne Gustav" genannt wurde:

„‚Warum hiergekommen?', war die erste Frage des ‚Eisernen' an den Flügelmann im ersten Glied ... Ein Faustschlag ins Gesicht belehrte ihn, daß die Antwort nicht ausreichend sei. ‚Was hast du Halunke ausgefressen, das will ich wissen!', fuhr ihn der ‚Eiserne' an, ‚erst will ich Antwort haben, ehe Du Schwein Dir das Blut von der Fresse wischst!' ‚Ich bin denunziert worden, warum und von wem, weiß ich nicht', antwortete er bestimmt und steckte das vom Nasenblut durchfeuchtete Taschenbuch wieder in die Rocktasche. ‚Ja, ja, ihr unschuldsvollen Engel! In welcher Partei gewesen?', wollte der ‚Eiserne' wissen. Als er mit ‚Sozialdemokrat' antwortete, erhielt er einen Kinnhaken, daß er zurücktaumelte und den Hintermann ins Wanken brachte. ‚Willst Du Sack wohl stillstehen!', und schon hatte auch dieser, der sich als Kommunist bekannte, einen Fußtritt in die Leiste, daß er sich vor Schmerzen krümmte und niederkniete ... Etwas lebhafter ging es im letzten Glied zu, wo der ‚Eiserne' einen Juden aufstöberte und ihn nach ‚Woher und Warum' fragte. Es war ein Kaufmann, soweit aus den wenigen Worten zu entnehmen war. Der ‚Eiserne' gab ihm einen Rat: ‚Ich gebe ihnen einen Strick, mit dem sie sich innerhalb 36 Stunden aufzuhängen haben, andernfalls ich nachhelfen werde.' "

Aus: Lienau, *Zwölf Jahre Nacht*, zit. nach: Sachsenhausen, Dokumente, a.a.O., S. 26f.

Neuzugänge. Aus: Sachsenhausen a.a.O.

Nachdem die SS-Männer ihre persönlichen Ausschreitungen gegen die Gefangenen beendet hatten, hieß das von ihnen ausgegebene Kommando: „Sport". Die Wachmänner trieben die gerade eingetroffenen Häftlinge um den Appellplatz oder ließen sie unzählige Kniebeugen machen, so daß viele der Neuankömmlinge vor Erschöpfung ohnmächtig umkippten. Dabei beschimpften und verhöhnten die Lageraufseher die Zugänge und mißhandelten sie mit Fußtritten und Kolbenschlägen ihrer Karabiner. Auf den Befehl „Rollen" mußten sich schließlich alle Häftlinge auf den Boden werfen und über das Feld zur Aufnahmebaracke wälzen — eine körperliche Anstrengung, die Alte oder Kranke oft nicht überstanden.

Spätestens jetzt konnte kein Zweifel mehr bestehen, daß das „Arbeitslager" Sachsenhausen keineswegs nur eine „Erziehungsanstalt" war, sondern eine Stätte der Willkür und des Terrors, in der einzelne Gefangene nichts zählten. Mit der Ankunft im KZ begann zugleich die völlige Entrechtung der „Schutzhäftlinge". Diejenigen, die sich anfangs noch Hoffnung machten, nur vorübergehend festgehalten zu werden, wurden nun eines Besseren belehrt. Neu im Lager Eingetroffene hatten es oftmals sogar doppelt schwer: Sie erhielten von den SS-Bewachern die schwersten Arbeiten zugeteilt und wurden ständig kontrolliert und auch körperlich gemaßregelt. Die Todesrate war aufgrund dieser Mißhandlungen bei Neuzugängen besonders hoch. Die Einlieferung in das Lager war indessen nur die erste Station eines von äußerster Brutalität und Unterdrückung gekennzeichneten Leidensweges, der denjenigen, die die Ankunft überlebten, noch bevorstand.

2. *Die Entpersönlichung der Häftlinge*

Nachdem den gerade eingelieferten Gefangenen schnell deutlich gemacht worden war, was es bedeutete, ein „Schutzhäftling" zu sein, wurde ihnen im Lager alles genommen, was noch an ihr bürgerliches Leben erinnerte: der eigene Name, persönliche Gegenstände und das individuelle Aussehen.

In der Lagerschreibstube, in der die Neuankömmlinge zunächst karteimäßig registriert wurden, erhielt jeder der Gefangenen statt seines Namens nun eine Nummer zugeteilt, die er künftig stets als erstes zu nennen hatte, wenn er bei den täglichen Appellen oder bei einer anderen Gelegenheit von einem SS-Mann angesprochen wurde. Anschließend mußten alle neuen Häftlinge die wenigen Habseligkeiten, die sie bei der Festnahme bzw. vor dem Abtransport noch übereilt hatten zusammenpacken können, abliefern. Anstelle der Kleidung, die sie bei der Einlieferung ins Lager getragen hatten, wurden ihnen dann schäbige, graugrün oder blauweiß gestreifte Drillich-Einheitsanzüge verpaßt, die zusätzlich mit Ölfarbe als Häftlingskleidung gekennzeichnet waren. Einer der ehemaligen Lagerinsassen berichtete später über diese Einkleidungsprozedur:

„Es war ein einziger Haufen schmutziger Lumpen, die wir ausgeliefert bekamen. Ob sie paßten oder nicht war vollkommen gleichgültig, das kümmerte niemanden. Man mußte eben den Haufen in Empfang nehmen, der einem ausgeliefert wurde, ob man nun groß oder klein, dick oder dünn war. Wenn man zurückging, um ein Teil umgetauscht zu bekommen, bekam man eine Faust ins Gesicht — und fragte dann nicht mehr."

Aus: Odd Nansen, *Von Tag zu Tag. Ein Tagebuch*, Hamburg 1949, S. 51.

Ein anderer Gefangener schildert die Brutalität, mit der die SS-Aufseher von Anbeginn mit den Gefangenen verfuhren:

„Die Zugänge mußten sich in der Wäscherei entkleiden, werden dort geschoren — Kopf und Schamhaare — und registriert. Die Prozedur zieht sich endlos hin. Körperbehinderte, Geistesverwirrte, die jammernd ihre Unschuld beteuern, und protestierende Häftlinge werden sofort von SS-Leuten rasend verprügelt."

Aus: Naujoks, *Mein Leben im KZ Sachsenhausen 1936-1942*, a.a.O., S. 78.

Zur Einheitskleidung der Gefangenen gehörten in den ersten Jahren auch Lederschuhe. Später, während des Krieges, wurden dann nur noch aus Holz gefertigte „Holländer" ausgegeben. Socken und Unterwäsche waren — falls überhaupt vorhanden — vielfach gestopft und notdürftig geflickt. Die dünnen Stoffmäntel, die die Gefangenen erhielten, durften nur auf Anordnung — in der Regel erst bei Minustemperaturen — angezogen werden. Im Verlauf der Kriegsjahre, als das Material zunehmend knapper wurde, gab die Lagerleitung dann immer häufiger auch Zivilkleidung an die Häftlinge aus, die von jenen Menschen stammte, die in Vernichtungslagern ermordet worden waren. Sie war meist entweder zu groß oder zu klein und verlieh den Gefangenen das Aussehen grotesker Clowns. Einer der Häftlinge beschrieb später das traurige Gefühl des Identitäts- und Individualitätsverlustes, das ihn überkommen hatte, als er sich und seine Leidensgenossen zum ersten Mal in dieser tristen Einheitskluft gesehen hatte:

„Wir zogen uns an. Als das geschehen war, kannte keiner den anderen wieder. Ich selbst erkannte mich nicht wieder! Als ich in den Spiegel schaute, erschreckte mich der Anblick zutiefst. Ich war kein Mensch mehr, sondern eine Figur. Nach dieser Prozedur des Einkleidens hatte ich nichts mehr, was mich an mein persönliches Leben hätte erinnern können — meine Brille ausgenommen."

Aus: Weiß-Rüthel, *Nacht und Nebel*, a.a.O., S. 57.

Nach der Einkleidung wurden die neu eingetroffenen Häftlinge vom SS-Wachpersonal unter Prügeln und Peitschenhieben wie Vieh in die Duschräume getrieben. Dort wurden die Gefangenen abwechselnd eiskaltem und siedend heißem Wasser ausgesetzt. Wer es wagte, aus

Sträflinge

dem Duschstrahl herauszutreten, wurde aufs neue mit Ohrfeigen und Fußtritten bedacht. Zum Abschluß hieß es dann für die bereits derart Mißhandelten: Antreten zum Haarescheren! Dabei achteten die Aufseher peinlichst genau darauf, daß nicht nur die Kopfhaare der „Schutzhäftlinge" dem Schneidemesser zum Opfer fielen, sondern auch die Schamhaare. Der ehemalige Sachsenhausener Lagerinsasse Odd Nansen beschrieb dieses entwürdigende Verfahren:

„Man stellte sich in Schlange auf und näherte sich rasch einem Mann, der mit einer elektrischen Birne in der einen und einer Haarschneidemaschine in der anderen Hand dasaß. Über den Augen hatte er einen Lichtschirm. Und dann fing er an, uns alle Haare abzuschneiden. Eins, zwei, drei — und wir standen da, unserer Haare beraubt und mit einem Kopf, wie ihn noch keiner gesehen hatte. Eine merkwürdig zerdrückte und unebene Billardkugel mit einem Millimeter Borsten drauf."

Aus: Nansen, *Von Tag zu Tag*, a.a.O., S. 49f.

Ebenso schmerzlich empfand der ehemalige Sachsenhausen-Häftling Werner Koch, ein Vikar, den Verlust der eigenen Haare:

„Den Aufnahmeschock hatte ich am 13. Februar 1937 erlitten, die ersten Ohrfeigen und Fußtritte, die Erfahrung, daß mein Name praktisch ausgelöscht war und ich mich nur noch als ‚Nr. 392' zu melden hatte. Die Haare, die meine Braut immer so schön gefunden hatte, auf 1/2 mm abgeschnitten und abrasiert ... das ganze sich bei allen ‚Zugängen' wiederholende ‚Zeremoniell' der totalen Entwürdigung und Entpersönlichung des Menschen — das alles war innerhalb von zwei Stunden über mich hereingebrochen. Der letzte Rest eines Anspruchs auf Menschenrecht war mit dem letzten Haarbüschel zu Boden gefallen. Schutzlos war ich wie alle anderen Häftlinge der hemmungslosen Willkür der SS-Herrschaft ausgeliefert."

Aus: Werner Koch, Überleben in Sachsenhausen, in: *Widerstand und Verweigerung in Deutschland 1933 bis 1945*, hrsg. von Richard Löwenthal und Patrik von zur Mühlen, Berlin und Bonn 1982, S. 256.

Der einstige Häftling Arnold Weiß-Rüthel schrieb über die Wirkung der Häftlingskleidung und der Kahlköpfigkeit auf die eigene Persönlichkeit:

„Ich hätte ... weinen können über die Schändung meines inneren und äußeren Menschen — aber ich begriff ..., daß es besser wäre, dieser Regung nicht nachzugeben, denn ich wollte nicht zugrundegehen an dieser beispiellosen Vereinsamung."

Aus: Weiß-Rüthel, *Nacht und Nebel*, a.a.O., S. 57.

Nachdem den Häftlingen alle Haare entfernt worden waren, mußten sie sich unbekleidet in Reih und Glied aufstellen. Ein Mann mit einem Holzstab in der einen und einem Eimer in der anderen Hand erschien:

„Es stellte sich heraus, daß es ein Stöckchen mit Salbe gegen Läuse war, schwarz und ekelhaft anzusehen ... (Nun) warf (er) jedem von den nackten ... Häftlingen einen Klecks davon unter den Magen und unter die Arme. Wir mußten dann diese ekelhafte Salbe mit den Fingern verteilen. Sie hatte einen strammen Geruch."

Aus: Nansen, *Von Tag zu Tag*, a.a.O., S. 50f.

Da die SS großen Wert darauf legte, daß die gerade eingetroffenen „Schutzhäftlinge" von Anfang an zu spüren bekamen, welcher Ton im Lager Sachsenhausen herrschte, war der Vorgang des Registrierens, Duschens, Einkleidens und Enthaarens auch eine Methode, um den Gefangenen von vorneherein zu verdeutlichen, daß sie im Konzentrationslager keinerlei Rechte mehr besaßen. In ihrer Häftlingskluft und Kahlheit sollten die Lagerinsassen möglichst gleich aussehen. Jede äußere Individualität sollte aufgehoben, jede Form von Eigenständigkeit und persönlichem Willen gebrochen werden. Für die SS waren die Gefangenen dann ohnehin keine Menschen mit unterschiedlichen Merkmalen und Eigenschaften mehr, sondern nur noch anonymes „Häftlingsmaterial". Der politische Häftling Emil Ackermann bemerkte dazu:

„Die kahlköpfigen, mit gleicher Kleidung versehenen Lagerinsassen sahen einer wie der andere aus. Das war auch das Ziel der Verantwortlichen. Selbst der primitivste SS-Mann sollte in den Häftlingen ... keine Menschen von Fleisch und Blut sehen. Hier gab es nur Nummern, Nummern, die sich allein durch die Ziffernkombination unterschieden. Mit welcher Perfektion Menschen in wesenlose Zahlenträger verwandelt wurden, bewiesen die zusätzlichen Kennzeichnungen."
Aus: *Niemand und nichts vergessen. Ehemalige Häftlinge aus verschiedenen Ländern berichten über das KZ Sachsenhausen*, hrsg. vom Sachsenhausenkomitee Westberlin und dem Arbeitskreis Sachsenhausenkomitee Berlin (West) in Zusammenarbeit mit der Vereinigung der Verfolgten des Naziregimes / Verband der Antifaschisten (VVN / VdA), Berlin (West) 1984, S. 27.

Die Entpersönlichung wurde noch dadurch verstärkt, daß auf die Jacken der Gefangenen Dreiecke — sogenannte Winkel — aufgenäht wurden, die deutlich machten, aus welchem Grund der Träger des jeweiligen Symbols in das Lager eingeliefert worden war. Die Einteilung in verschiedene Häftlingskategorien erfolgte bereits vor oder während der Lagereinweisung durch die Geheime Staatspolizei oder reguläre Polizeibehörden. Politische Häftlinge erhielten einen roten Winkel, Kriminelle einen grünen und die „Bibelforscher" — also vor allem Anhänger religiöser Sekten — einen violetten. Inhaftierte, die bereits einen Fluchtversuch unternommen hatten, wurden mit einem zusätzlichen Punkt auf dem Winkel, der als „Zielscheibe" bei weiteren Fluchtversuchen dienen sollte, besonders kenntlich gemacht. Gefangene anderer Nationalitäten trugen neben dem Winkel auf ihrer Joppe noch den Anfangsbuchstaben des Heimatlandes. Geistig Behinderte wurden zusätzlich durch Armbinden, auf denen die Aufschrift „Blöde" prangte, der Lächerlichkeit preisgegeben und von den SS-Männern mit Vorliebe durch grobe Späße und niederträchtige Übergriffe tyrannisiert. Insgesamt kannte die KZ-Ordnung achtzehn verschiedene Winkelkennzeichnungen.

Nachdem den Gefangenen durch alle diese Maßnahmen bei der Aufnahmeprozedur ihre äußere Identität geraubt worden war, hieß es: „In Fünferreihen angetreten!". Dann marschierten die neuen Häftlinge zum ersten Mal im Gleichschritt zu den Unterkunftsbaracken, in denen viele von ihnen nun Jahre ihres Lebens verbringen sollten.

3. Ein Tag im Lager: Arbeit, Angst und Hunger

Der Tagesablauf im KZ Sachsenhausen war für alle Häftlinge genau geregelt. Alles hatte gemäß den Vorstellungen der SS-Kommandantur exakt nach einem militärisch anmutenden Zeitplan abzulaufen: Morgensignal zum Wecken, Aufstehen und Frühstück, Morgenappell, Ausrücken zur Arbeit, abends Wiedereinrücken ins Lager, Abendappell, kurze Freizeit, Bettruhe. Von diesem formalen Ablauf abgesehen, waren die Tage im KZ für die Häftlinge indessen hauptsächlich von Angst geprägt: durchzuhalten, nicht aufzufallen, zu überleben. Einer der ehemaligen Häftlinge schrieb darüber:

„Da ist ... der Tagesplan: er ist so einfach wie möglich und doch so gefahrvoll, wie nur eben ein Unterfangen im sonstigen menschlichen Alltag."

Aus: Albert Christel, *Apokalypse unserer Tage. Erinnerungen an das Konzentrationslager Sachsenhausen*, hrsg. von Manfred Ruppel und Lothar Wolfstetter, Frankfurt am Main 1987, S. 53.

Jeder Tag im Konzentrationslager Sachsenhausen lief — bis auf die Sonntage — immer nach dem gleichen Schema ab: Die Nachtruhe endete bereits im Morgengrauen, um 4.15 im Sommer, im Winter eine Stunde später. Da jeweils Hunderte von Menschen in einer Baracke untergebracht waren, herrschte jeden Morgen zwangsläufig ein großes, hastiges Durcheinander und Gedränge. Den Gefangenen verblieben weniger als 45 Minuten, um sich zu waschen und anzuziehen, die Latrine aufzusuchen, „nach Vorschrift" die Betten zu bauen und eiligst das kärgliche Frühstück einzunehmen, das aus einem halben Liter dünnen Kaffee („Muckefuck") und etwas Brot mit gestreckter Marmelade oder Wassersuppe bestand.

Um 5.00 Uhr früh mußten die Häftlinge in Reih und Glied vor ihren Blocks antreten, von wo aus sie im Gleichschritt zum Morgenappell auf den Lagersammelplatz geführt wurden. Die Lager-Aufseher zählten dort durch, um festzustellen, ob alle Häftlinge erschienen waren oder jemand fehlte. Anschließend formierten sich die einzelnen Arbeitskommandos und rückten unter Führung ihres Vorarbeiters — dem „Kapo" — zu den jeweilgen Einsatzorten aus. Es kam dabei häufig vor, daß Gefangene auf dem Weg zur Arbeitsstelle von den begleitenden SS-Wachmännern durch Schläge, Fußtritte oder sogenannte „sportliche Übungen" derartig mißhandelt wurden, daß sie bereits völlig erschöpft an ihrem Bestimmungsort anlangten und kaum noch imstande waren, den langen, schweren Arbeitstag, der vor ihnen lag, durchzustehen.

Knüttel, mit denen Vorarbeiter auf die Häftlinge einschlugen. Aus: Sachsenhausen-Broschüre der NMG, a.a.O.

Die Arbeit vollzog sich unter härtestem körperlichen Einsatz und nahezu immer im Laufschritt. Wer sich nicht schnell genug bewegte, wurde von SS und Vorarbeitern durch Prügel angetrieben. Erholungspausen gab es kaum. Nur zweimal, durch einen kurzen Zählappell und eine knapp dreißig Minuten dauernde Mittagszeit, wurde der mehr als zehn Stunden währende Arbeitstag unterbrochen. Die mittägliche Mahlzeit mußten die Gefangenen im Stehen unter freiem Himmel einnehmen — bei strömendem Regen, Schnee oder Frost. Wie schon das Frühstück, so war auch das Mittagessen äußerst knapp bemessen und angesichts der harten körperlichen Anstrengungen, die den Häftlingen abverlangt wurden, völlig unzureichend: ein Dreiviertel Liter undefinierbarer weißer Flüssigkeit aus Kartoffeln oder Steckrüben mit ein wenig Fett versetzt, die deshalb von den Gefangenen „Einbrennsuppe" genannt wurde. Dazu wurde eine Scheibe Brot gereicht, die im Verlauf der Kriegsjahre zunehmend dünner und kleiner wurde.

Nach der Lagerstatistik erhielt jeder Häftling ca. 380 Gramm Brot pro Tag. Tatsächlich aber lagen die Rationen oft weit darunter. Bereits am Tag des Kriegsbeginns im September 1939 wurden in Sachsenhausen — wie auch in den anderen Konzentrationslagern — die Lebensmittelzuteilungen um die Hälfte gekürzt. Die ausgegebenen Portionen reichten dann kaum noch aus, den größten Hunger zu stillen.

Menschen, die schwersten körperlichen Anstrengungen und Belastungen unterworfen waren, mußten auf diese Weise oft mit weniger

KZ-Verpflegungssätze der SS-Verwaltung 1940-1945

Zeit	1.8.40 bis 14.5.42	15.5.42 bis 27.4.44	28.4.44 bis 28.2.45	ab 1.3.45
Fleisch oder Fleischwaren	400 g	280 g	200 g	250 g
Fett	200 g	170 g	182,5 g	83,33 g
davon Margarine	150 g	130 g		
Talg u. dergl.	50 g	40 g		
Quark	100 g	100 g	100 g	41,66 g
oder Magerkäse	50 g	50 g		
Brot	2740 g	2450 g	2600 g	1750 g
Zucker	80 g	80 g	80 g	—
Marmelade	100 g	100 g	100 g	250 g
Nährmittel	150 g	150 g	255 g	—
Mehl oder Mehlgemisch	225 g	125 g	125 g	-
Magermilch	—	—	0,25 l tgl.	0,25 l tgl.
Kaffee-Ersatz	84 g	63 g	62,5 g	33,33 g
Kartoffeln	3500 g	5000 g	2800 g	3500 g
Frischgemüse (Rüben usw.)	2800 g	2600 g	4000 g	375 g

Aus: Kogon, Der SS-Staat, a.a.O., S. 117.

als 1 000 Kalorien täglich auskommen. Auszehrung, extreme Mangelerscheinungen und Unterernährung waren die unausweichliche Folge. Die Gefangenen — mit fahlen, eingefallenen Gesichtern und von krankhafter Schwärze umrandeten Augen, aus denen der Hunger sprach — boten deshalb oft einen grauenerregnden Anblick. Der ehemalige Sachsenhausener Häftling Albert Christel beschrieb das Bild, das sich ihm bot, als er in den Duschräumen erstmals die entkleideten Körper der Gefangenen sah:

„Nur allzuoft wirkt abstoßend genug der Anblick nackter Menschenkörper, aber was ich da vor mir sehe, scheinen überhaupt keine menschlichen Leiber zu sein; nicht einmal wie Skelette sehen diese Spukgestalten aus ... Schlaff und faltig hängt die Haut über den Knochen, so, als ob keine Fleischunterlage mehr darunter sei. Jeder Knochen tritt einzeln heraus und zeichnet sich ab, ob das nun das Schlüsselbein, die Wirbel im Rückgrat, eine Rippe oder nur die Kniescheibe ist. Es sieht aus, als ob das Becken wie ein schiefer Kasten schräg auf unwahrscheinlich dünnen Beinen wankt ... Die Oberschenkel sind so dünn, daß ich meine, ich müsse sie mit einer Hand umspannen können. Dick, als formlose Knoten treten die Kniee hervor und die Unterschenkel halten kaum das Maß von Kinderärmchen. Merkwürdig klar kommt mir auf einmal ... ins Bewußtsein, was mich in der Blockgemeinschaft während der ersten Stunden erregt und gepackt hatte ...: die gezeichneten, die überscharf geschnittenen Gesichter hatten ihre Wirkung nicht

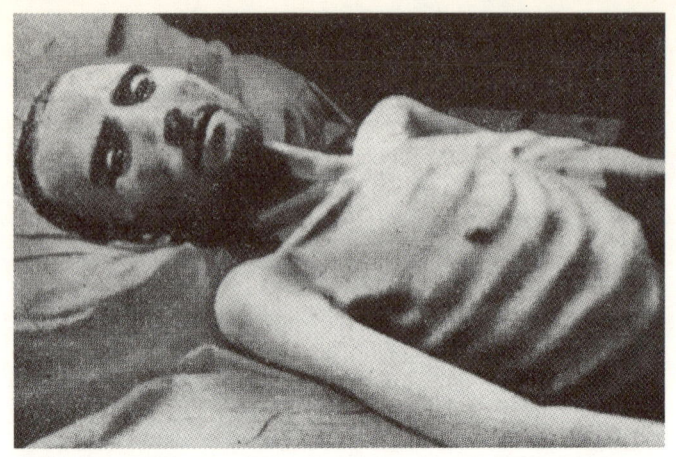

Ausgezehrter Häftling. Aus Sachsenhausen-Broschüre der NMG, a.a.O.

verfehlt ... Die Tatsache ist mir nicht fremd, daß zunächst einmal das Gesicht abmagert, wenn ein Mensch verliert ... Jetzt aber weiß ich, daß es einen Wendepunkt gibt, von dem an das Gesicht bleibt wie es ist. Dann zehrt nur noch der Körper ab, schwindet und verfällt bis zu dem Schrecken, den ich leibhaftig vor mir sehe."

Aus: Christel, *Apokalypse unserer Tage*, a.a.O., S. 78 f.

In einem der späteren Prozesse gegen zwei der in Sachsenhausen tätigen SS-Männer gab einer der ehemaligen Häftlinge über den raschen körperlichen Verfall, dem er im Lager ausgesetzt war, zu Protokoll:

„Ich war mit 86 Kilo nach Sachsenhausen eingeliefert worden. Nach neun Wochen wog ich noch 58 Kilo. Die Lebensmittelration war zu klein, die Arbeitszeit zu lang. Schlaf bekamen wir kaum."

Aus: Dam und Giordano, *KZ-Verbrechen vor deutschen Gerichten*, a.a.O., S. 201.

Die extreme Unterernährung, der die Menschen im KZ ausgesetzt waren, bedingte einen raschen Abbau der körperlichen Widerstandskräfte und führte in zahlreichen Fällen zu Krankheiten und schließlich zum Tod. Allein in der Zeit von 1940 bis 1942, für die offizielle Zahlen vorliegen, starben in Sachsenhausen jeden Tag mindestens acht Menschen. Der SS-Lagerarzt, Dr. Heinz Baumkötter, sagte 1947 im ersten Sachsenhausen-Prozeß über die körperliche Verfassung der Häftlinge aus:

Baumkötter: „Die Bedingungen des Lagers waren katastrophal. Nicht nur die Kleidung, sondern auch die Verpflegung reichte bei weitem nicht aus, das Existenzminimum der Menschen zu gewährleisten. Das Heizen in den Baracken war verboten, wie auch das Tragen von Lederschuhen verboten war; der Arbeitstag dauerte zehn bis vierzehn Stunden. Das alles mußte zwangsläufig zur völligen Entkräftung, zum langsamen Tod der Häftlinge führen."

Staatsanwalt: „Wie viele gingen auf Grund dieser schlechten Lebensbedingungen im Lager während ihrer Dienstzeit zugrunde?"

Baumkötter: „Während meiner Dienstzeit gingen ungefähr 8 000 Häftlinge zugrunde."

Staatsanwalt: „Wie war die Verpflegung im Lager?"

Baumkötter: „Die Verpflegung war schlecht, sehr schlecht. Vor allem fehlte das Eiweiß als wichtigster Aufbaustoff. Dadurch baute sich der Körper langsam, aber sicher selbst ab ..."

Aus: Reimund Schnabel, *Macht ohne Moral. Eine Dokumentation über die SS*, 2., erw. Aufl., Frankfurt am Main 1958, S. 178.

Bohrender Hunger war so der ständige Begleiter der Lagergefangenen. Einer der Häftlinge erinnerte sich:

„Eine Stumpfheit sondergleichen hatte sich unserer Sinne bemächtigt, die nur noch auf den sich zwangsläufig einstellenden Gedanken an irgendwelche unerreichbaren Speisen reagierten. Menschen, die in ihrem ganzen bisherigen Leben nicht daran gedacht hatten, sich um die Geheimnisse der Kochkunst zu kümmern, erfanden jetzt Kochrezepte oder schnitten sich solche aus den Zeitungen aus, um sie stets bei sich zu haben und desto gründlicher studieren zu können."

Aus: Weiß-Rüthel, *Nacht und Nebel*, a.a.O., S. 141 f.

Das ewige Magenknurren ließ viele Häftlinge auch das letzte Quentchen eigener Würde vergessen und brachte sie zu grotesk anmutenden Handlungen. Ein ehemaliger Gefangener berichtete:

„Ich war ... im Schweinestall von Sachsenhausen beschäftigt. Die Tiere wurden für die SS sorgfältig gepflegt. Ich hatte solchen Hunger, daß ich alles, was ein Mensch von dem Schweinefutter zu sich nehmen konnte, aß."

Aus: Dam und Giordano, *KZ-Verbrechen vor deutschen Gerichten*, a.a.O., S. 182.

Grüppchen von Häftlingen schlichen zu bestimmten Zeiten um die Lagerküche herum, um vielleicht noch irgendetwas Eßbares zu ergattern — auch wenn es bereits faulte oder nur als Viehfutter vorgesehen war:

„Auf dem großen Müllhaufen hinter der Küche, der nach Rübenabfällen, verfaulten Kartoffelschalen und in Verwesung übergehenden Knochen stank, krochen schauerlich ausgemergelte Häftlingsgestalten herum und rissen sich gegenseitig den stinkenden giftigen Unrat aus den Händen, um ihn in wilder Gier zu verschlingen. Zahlreiche Häftlinge starben am Genuß dieser Dinge oder irgendwelcher Wurzeln oder Kräuter, auch Baumrinden, die sie sich von ihren Arbeitsplätzen mit ins Lager brachten. Auf dem Bahnhof hinter der westlichen Lagermauer sah ich eines Tages einen alten holländischen Juden, der auf einem Rasenstück kniete und mit vor Kälte zitternden Händen das spärliche Gras abrupfte, um es sich in den zahnlosen Mund zu stopfen. Im Kartoffelkeller der Küche wurden rohe Kartoffeln, ja selbst Schalen vertilgt, und an irgendeiner Baustelle schmierten sich ukrainische Häftlinge das Isolierfett von elektrischen Kabeln auf ein Stück steinhartes Brot."

Aus: Weiß-Rüthel, *Nacht und Nebel*, a.a.O., S. 142.

Ähnliches beobachtete auch Albert Christel als Gefangener in Sachsenhausen:

„Hinter der Küche prügeln sie sich. Früher hat es so etwas nicht gegeben, in der letzten Zeit aber kommt das öfters vor. Kein Wunder auch; die Verpflegung ist danach, und wenn man Tag um Tag, Woche um Woche nichts anderes als halbfaule Kartoffeln und stinkende Steckrübensuppe zu fressen kriegt, bleibt es nicht aus, daß ein Teil der Leute überschnappt, oder doch wenigstens die sogenannte Selbstkontrolle verliert... Geprügelt wird sich um Abfälle aller Art. Meistens sind es die scheußlich stinkenden, rohen Rübenpellen oder Kartoffelschalen, die in großen Kübeln hinter der Küche herumstehen, ehe sie von den Rollwagenfahrern zum Misthaufen in der Gärtnerei oder wie üblich in den Schweinestall abtransportiert werden. Genießbar ist der Dreck bestimmt nicht. Ebensowenig kann ein Zweifel darüber bestehen, was für eine Gefahrenquelle es für den Einzelnen, wie für die Gesamtheit darstellt. Wer das Zeugs in sich hineinfrißt, muß notwendigerweise Magengeschichten, schwere Durchfallerkrankungen, wenn nicht gar Dysenterie oder Ruhr bekommen."

Aus: Christel, *Apokalypse unserer Tage*, a.a.O., S. 79 ff.

Die schlechte körperliche Verfassung der Gefangenen hatte auch unmittelbare Auswirkungen auf die Arbeitsleistungen: Viele Häftlinge waren den Anforderungen deshalb nicht gewachsen und ließen sich selbst durch Mißhandlungen und Peitschenhiebe der Aufseher nicht mehr antreiben. Nicht wenige brachen unter den Belastungen zusammen. Wer auf diese Weise arbeitsunfähig wurde, zählte nach Auffassung der SS-Lagerleitung zu den „unnützen Essern": Er wurde ausgesondert und in einen dafür speziell eingerichteten „Hungerblock" eingesperrt. Dort wurden die Häftlinge dann einfach ihrem Schicksal überlassen. Im Halbdunkel, ohne regelmäßige Nahrungszuteilung und Wasser dämmerten sie wochenlang vor sich hin. Diejenigen, die überlebten, wurden entweder wieder einem Arbeitskommando zugeteilt oder auf Weisung der SS direkt in ein Vernichtungslager überstellt.

Wenn die Arbeitseinsatzkommandos nach einem langen Arbeitstag auf ein Trompetensignal hin um 18.30 Uhr ihre anstrengende Tätigkeit beendeten und den Rückmarsch ins Lager antraten, wo sie dann zusammen mit Tausenden anderer erschöpfter Häftlinge in Fünfer-Kolonnen einrückten, konnten sie noch lange nicht auf Ruhe hoffen. Denn nun begann erneut die umständliche Prozedur des Zählappells.

Die Abendappelle fanden, wie die Morgenappelle, ebenfalls bei jedem Wetter statt — im strömenden Regen, bei Hitze, Schnee oder eisigem Wind. Jeder hatte zu erscheinen — ohne Ausnahme. Schwerkranke oder Fiebrige wurden von ihren Kameraden gestützt oder auf Tragen herbeigeschleppt. Sogar die Leichname der am Tage Verstorbenen mußten herangeschafft und neben den in Reihen angetretenen Lagerinsassen auf den Boden gelegt werden, damit die Zahl der Anwesenden stimmte.

Dann begann das langwierige Zählen, das oft mehr als eine Stunde dauerte und den hungrigen, kraftlosen Menschen wie eine Ewigkeit vorkommen mußte. Wirklich schlimm wurde es, wenn ein Häftling fehlte. Denn dann mußten alle Gefangenen so lange unbeweglich auf dem Appellplatz verharren, bis der Flüchtige von der SS ausfindig gemacht worden war. Unbeweglich und ohne Abendessen standen die Häftlinge dann häufig bis tief in die Nacht hinein auf dem Appellplatz — eine Strapaze, der viele Gefangene nicht gewachsen waren, zumal es den SS-Aufsehern manchmal noch einfiel, das „Strafstehen" durch zusätzliche Torturen zu erschweren, etwa durch 1 000 Kniebeugen zum „Zeitvertreib". Ohnmachtsanfälle waren dabei an der Tagesordnung. Oft kamen bei derartigen Strafappellen jedoch auch Menschen ums Leben — wie in einer eisigen Winternacht im Januar 1940, als das „Strafstehen" über zehn Stunden andauerte und am nächsten Morgen mehr als 400 tote Gefangene vom Platz getragen werden mußten: erfroren oder der körperlichen Erschöpfung erlegen. Wenn das „Strafstehen" — wie in diesem Fall — die ganze Nacht anhielt, wurden die Häftlinge am nächsten Morgen hungrig und unausgeschlafen wieder zu ihren Arbeitskommandos geschickt.

Aber selbst wenn alle Gefangenen zum abendlichen Zählen ordentlich erschienen waren, konnte der Appell unangenehm werden. Denn die SS nahm bei dieser Gelegenheit auch die von ihr angeordneten Bestrafungen einzelner Häftlinge vor. Sie benutzte dabei vor allem den gefürchteten „Bock": einen hölzernen Schemel, auf dem der Delinquent festgeschnallt und brutal ausgepeitscht wurde. Die Gründe für derartige Maßregelungen waren oft fadenscheinig und willkürlich. In vielen Fällen gaben die SS-Aufseher einfach „Faulheit" als Grund für die Abstrafung an — was tatsächlich nichts anderes bedeutete, als daß der Gefangene in einem der Arbeitskommandos entkräftet zusammengebrochen war.

Wenn die zum Abendappell angetretenen Häftlinge schließlich das Zählen und die Bestrafungen überstanden hatten, erhielten sie endlich das Abendessen: eine Schnitte Brot und etwas Quark oder Pellkartof-

Zählappell. Im Vordergrund rechts der Lauf eines Maschinengewehrs auf dem Wachturm „A"

feln. Die Gier nach Eßbarem war für die Menschen inzwischen so groß geworden, daß sie die Kartoffeln meist gleich mit der Schale verschlangen. Nur wenige Gefangene brachten noch die Geduld und Disziplin auf, sie zu schälen. Diejenigen aber, die diese Selbstbeherrschung besaßen, waren sogleich von einer großen Schar Gieriger umlagert, die darauf hofften, noch eine der Schalen zu ergattern.

Nach dem Abendbrot begann die „Freizeit", die bis zum Abläuten um 21 Uhr dauerte. Jetzt durften sich die Gefangenen, die den ganzen Tag im Laufschritt gehetzt worden waren, im normalen Tempo fortbewegen. Sie besuchten sich in den Unterkunftsbaracken, sprachen miteinander oder entfalteten andere gemeinsame Aktivitäten. Diese eine Stunde „Freizeit" zwischen dem abendlichen Zählappell und dem Abläuten zur Bettruhe wurde für die erschöpften Menschen zur wichtigsten Stunde des Tages. Manche Häftlinge nutzten diese Zeit einfach zur dringend benötigten Erholung, andere lasen Bücher, die aus der Lagerbibliothek entliehen oder ins Lager eingeschmuggelt worden waren, wieder andere probten sogar kleinere Theateraufführungen oder Kabarettstücke oder hielten heimlich Gottesdienste ab, die von der Lagerleitung offiziell verboten worden waren.

Ab 22 Uhr war dann Nachtruhe befohlen. Die Ruhezeit in den völlig überbelegten Kojen der Häftlingsbaracken war allerdings viel zu kurz, um in ausreichendem Maße neue Kräfte für die Strapazen des nächsten Tages schöpfen zu können, der erbarmungslos mit dem Wecksignal um 4.15 Uhr begann.

4. Kulturelle Aktivitäten

Viele der Häftlinge, die im Lager Sachsenhausen gefangengehalten wurden, schufen sich im Tagesablauf kleine kulturelle Nischen und sorgsam vor der SS geheimgehaltene „Gegenwelten", um die eigene Kraft und den Überlebenswillen aufrechtzuerhalten. Diese kulturellen Aktivitäten trugen dazu bei, die Durchhaltemoral der Menschen zu festigen und ein Gefühl der Isolation zu überwinden. Die Vorstellung, von der Außenwelt völlig abgeschnitten zu sein, kam bei den Häftlingen schnell auf, weil nur noch wenige Kontakte zu Verwandten und Freunden außerhalb des Lagers bestanden — schon allein aufgrund des von der SS streng begrenzten und zensierten Postverkehrs. So durften die Häftlinge höchstens zwei Briefe pro Monat schreiben, in denen zudem jegliche Äußerungen über Krankheiten, Arbeit und Lageralltag verboten waren. Eine Zensurstelle für ein- und ausgehende Briefe im Lager Sachsenhausen überwachte die genaue Einhaltung dieser Anordnungen. Alle hinausgehenden Briefe mußten darüber hinaus auf vorgefertigten Briefformularen verfaßt werden, in deren Kopf in neun Sätzen zwölf Verbote gedruckt standen. Darin hieß es:

„Der Tag der Entlassung kann jetzt noch nicht angegeben werden. Besuche im Lager sind verboten. Anfragen sind zwecklos. Jeder Häftling darf im Monat zwei Briefe oder Postkarten empfangen und auch absenden. Ein Brief darf nicht mehr als 4 Seiten a 15 Zeilen enthalten und muß übersichtlich und gut lesbar sein. Pakete jeglichen Inhaltes sind verboten. Geldsendungen sind nur durch Postanweisung zulässig, deren Abschnitt nur Vor-, Zuname, Geburtstag, Häftlingsnummer trägt, jedoch keinerlei Mitteilungen. Geld, Fotos, Bildereinlagen in Briefen sind verboten. Die Annahme von Postsendungen, die den gestellten Anforderungen nicht entsprechen, wird verweigert. Unübersichtliche, schlecht lesbare Briefe werden vernichtet. Im Lager kann alles gekauft werden. Nationalsozialistische Zeitungen sind zugelassen, müssen aber vom Häftling selbst im Konzentrationslager bestellt werden.

Der Lagerkommandant"

So konnten auch die brieflichen Kontakte zur Außenwelt wenig Abwechslung in das triste Dasein der KZ-Gefangenen bringen. Die Häftlinge waren gezwungen, kulturelle Aktivitäten aus sich selbst heraus zu entfalten — was sie trotz ihrer so knapp bemessenen Freizeit in den Baracken auch in erstaunlicher Weise taten. Einige malten oder fertigten Linoldrucke an. Andere schnitzten in den Abendstunden — nach einem langen, zermürbenden Tag im Arbeitskommando — Handpuppen und kleine Figuren. Wieder andere verfaßten Gedichte oder komponierten Lieder, die sich oft in melancholischer Weise mit dem Leben im Konzentrationslager beschäftigten. Selbst kleine Theateraufführungen fanden in Sachsenhausen statt, nachdem sich in der Trockenbaracke der Lagerwäscherei eine kleine Laienspielgruppe etabliert hatte, die Szenen aus Goethes „Faust" und Hauptmanns „Biberpelz" und — unter Beteiligung norwegischer und französischer Mitgefangener — Szenen aus „Peer Gynt" und Molieres „Menschenfeind" einstudierten. Und auch eine Kabarett-Truppe wurde gegründet, die kleine Sketche, Varieténummern und Zauberkunststücke zum Besten gab.

Einigen Gefangenen gelang es sogar, Musikinstrumente in das Lager einzuschmuggeln oder sie sich — geduldet von der SS — von Verwandten schicken zu lassen, so daß ein komplettes Streichquartett unter der Leitung eines inhaftierten tschechischen Violinvirtuosen Werke klassischer Meister spielen konnte. Das kleine Orchester probte in der Entlausungsstation, wo es wegen der Infektionsgefahr vor den Repressionen der Aufseher einigermaßen sicher war. Einer der Häftlinge erinnerte sich an die Gefühle, die er bei seinem Besuch einer Konzertprobe empfunden hatte:

„Eines Sonntags, es war nach dem letzten Zählappell, kam der Lagerälteste Harry Naujoks zu mir und fragte, ob ich mir nicht die Probe des Quartetts anhören möchte. Ich war begeistert. Wir gingen in die Entlausungsstation, wo das ‚Probenzimmer' des Quartetts war. Dieser Raum war klug ausgewählt. Die Blockführer betraten diesen Raum nicht, da sie Angst vor Ansteckung hatten ... Nach den ersten Tönen dachte ich, ich hätte Fieber. Es lief mir heiß und kalt über den Rücken. Es war wie ein Traum. Seit über zwei Jahren hatte ich keine Musik mehr gehört, nur das Geschrei und das Wehklagen der gequälten Menschen; und jetzt, in diesem grauen, trostlosen Raum so eine Musik!"

Aus: *Niemand und nichts vergessen*, a.a.O., S. 85.

Als das Lager Sachsenhausen 1940 während eines langen, eisigen Winters wegen einer grassierenden Scharlach-Epidemie unter strenge Quarantäne gestellt wurde, fanden sich einige besonders stimmbegabte Häftlinge zu einem Chor zusammen, um der sich ausbreitenden Resignation entgegenzuwirken. Eines der damaligen Chor-Mitglieder schrieb später darüber:

„Täglich zählten wir Hunderte von Toten. Wir froren und hungerten — aber abends haben wir gesungen und musiziert... Wir wußten, daß viele von denen, die uns zuhörten, morgen oder übermorgen oder in einer Woche nicht mehr da sein würden. Aber so war das Leben im Lager: voller Gefahren und Widersprüche."

Aus: *Niemand und nichts vergessen*, a.a.O., S. 86.

Solche kulturellen Aktionen der Gefangenen waren jedoch nicht auf Ausnahmesituationen beschränkt, sondern bildeten einen regelmäßigen und festen Bestandteil des Alltags im Lager. Gelegentlich wurden Lieder und Kleinkunstabende veranstaltet, an denen Häftlinge Proben ihres künstlerischen Können gaben. Und hin und wieder nahmen daran sogar SS-Offiziere teil.

Ein wichtiges Ziel, das die aktiven Häftlinge mit diesen Bemühungen erreichen wollten, war die Verhinderung von Lethargie und geistiger Abstumpfung bei sich selbst und bei den Mitgefangenen. Deshalb organisierten sie nicht nur Unterhaltungsabende in der Lagerwäscherei und Fußballturniere auf dem Appellplatz, sondern in aller Heimlichkeit auch Lese- und Schulungszirkel, die keines großen Aufwandes bedurften und mit geringen technischen Mitteln zu bestreiten waren. Dazu gehörtem zum Beispiel allgemeinbildende Veranstaltungen älterer Häftlinge für jugendliche Lagerinsassen sowie — besonders beliebt — Vorträge von Neuankömmlingen, die über politische, gesellschaftliche und kulturelle Entwicklungen außerhalb des Lagers berichteten.

Zur Vorbereitung der Schulungskurse wurden vor allem die Bestände der Lagerbücherei genutzt, die merkwürdigerweise sogar Werke enthielt, die von den Nationalsozialisten verboten worden waren und in deutschen Buchläden nicht mehr verkauft werden durften. Obwohl nur die Gefangenen, die sich bereits länger als ein Jahr in „Schutzhaft" befanden, Zugang zur Bibliothek hatten, und dann auch nur höchstens ein Buch pro Monat ausleihen durften, wurden derartige Schriften im Lager viel gelesen, da sich immer wieder Mittel und Wege fanden, die Bücher kursieren zu lassen.

In den ersten Jahren nach Gründung des Lagers Sachsenhausen hatte die Kommandantur Veranstaltungen aller Art strikt untersagt. Die Gefangenen waren deshalb zur absoluten Geheimhaltung gezwungen und mußten im Falle der Entdeckung mit hohen Strafen rechnen. Später wurden viele kulturelle Aktivitäten von der Lagerleitung zumindest geduldet. Teilweise erhielten sie sogar einen halblegalen Status, so daß es den Häftlingen dann auch gestattet wurde, für ihre Theateraufführungen oder Konzerte Eintrittskarten unter den Lagerinsassen zu verkaufen.

In einer Welt scheinbar totaler SS-Willkür wurden damit im Leben der Gefangenen kleine künstlerische Nischen geschaffen. Menschliche Gefühle und Fähigkeiten behielten dadurch einen — wenn auch sehr begrenzten — Platz im sonst so unmenschlichen Alltag der KZ-Häftlinge. Viele Gefangene bewahrten sich dadurch das Bewußtsein, daß sie doch mehr waren als eine anonyme, seelenlose Nummer im KZ-Betrieb. Und in nicht wenigen Fällen mag dies auch dazu beigetragen haben, das Selbstwertgefühl der Häftlinge — und somit ihren Willen zur Selbstbehauptung und zum Überleben — aufrechtzuerhalten und zu stärken.

5. Ausbeutung durch Zwangsarbeit

Für kulturelle Aktivitäten wurde den Häftlingen in Sachsenhausen allerdings nur wenig Zeit gelassen. Den bei weitem größten Raum im Tagesablauf der Gefangenen beanspruchte die Zwangsarbeit: oft mehr als zehn Stunden täglich, bei schlechter Ernährung, fast immer im Laufschritt, angetrieben von häufig erbarmungslosen, brutalen Vorarbeitern und begleitet von den sadistischen Quälereien der SS-Wachmannschaften — eine körperliche und seelische Tortur, der viele der Gefangenen auf Dauer nicht gewachsen waren. Eine zusätzliche Belastung war dabei die Angst, angesichts der extremen Anforderungen irgendwann zusammenzubrechen und als „unnützer Esser" von der SS in den sicheren Tod geschickt zu werden. So kam es immer wieder vor, daß einzelne Gefangene die Nerven verloren und sich — um die Leiden abzukürzen — vor eine der schweren Loren warfen und sich überrollen ließen oder einen aussichtslosen Fluchtversuch unternahmen, bei dem sie von den SS-Bewachern erschossen wurden.

Von einer bewußten und systematischen Vernichtung der KZ-Häftlinge durch Zwangsarbeit kann man in Sachsenhausen jedoch nicht sprechen, obwohl das Leben eines Häftlinges in den Augen der SS-Aufseher nichts galt. Mit welch brutaler Achtlosigkeit bei den Arbeitseinsätzen mit den Gefangenen umgegangen wurde, schilderte Albert Christel am Beispiel eines alltäglichen Vorfalls:

„Während sich ... die einzelnen Arbeitskolonnen formieren, fährt ein schwerer Lastwagen, wie mir scheint leichtfertig und völlig rücksichtslos, in eine Gruppe hinein. Das kostet drei Menschenleben. Zweien hat es den Brustkorb oder den Leib zerquetscht; dem Dritten ist der Schädel gespalten. Der SS-Fahrer ist aber nicht einmal aus seinem Wagen ausgestiegen, sondern er hat ihn nur im Rückwärtsgang aus der Gruppe herausgefahren, und gleich darauf brummt er um die nächste Hallenecke. Häftlinge legen die drei blutüberströmten Körper einfach neben das Haupttor der Halle. Kein Sanitäter kümmert sich darum. Wozu auch!? Da ist sowieso nichts mehr zu wollen ... Untersuchungen oder irgendwelche Feststel-

lungen über Art oder Begleitumstände des Unfalls werden nicht gemacht. Ich lasse mir später sagen, daß die Meldung schlicht und einfach auf ‚Betriebsunfall. 3 Tote. Grund: eigene Fahrlässigkeit' gelautet habe."
Aus: Christel, *Apokalypse unserer Tage*, a.a.O., S. 74.

Tatsächlich waren die Häftlinge für die Lagerleitung nur „Menschenmaterial", das zum Nutzen der SS in den Arbeitskommandos ausgebeutet werden sollte. Die Methoden und Gründe des Arbeitseinsatzes der Gefangenen waren im Laufe der Zeit jedoch erheblichen Wandlungen unterworfen. So betrachtete die Lager-SS bis zum Beginn des Krieges die Häftlingsarbeit vorrangig als sogenanntes Erziehungsmittel gegen „Staatsfeinde" und benutzte sie darüber hinaus zur eigenen Bequemlichkeit und Bereicherung. Die Zwangsarbeit im Lager sollte den „Schutzhäftlingen" ihre völlige Ohnmacht vor Augen führen und ihnen verdeutlichen, daß sie dem Willen der SS auf Gedeih und Verderb ausgeliefert waren. Die Arbeiten waren deshalb oft unsinnig und schikanös — etwa wenn Gefangenen befohlen wurde, Schnee oder Sand von einer Ecke in die andere und wieder zurück zu tragen oder Löcher auszuheben und sie anschließend wieder zuzuschütten.

Gelegentlich erlaubten sich die Aufseher auch einen besonderen „Spaß" und ließen 15 bis 20 Häftlinge wie Pferde in Gurte einspannen und unter Peitschenknallen schwere Fuhren oder mit einer Deichsel versehene Lkw-Anhänger ziehen. Wenn es dem Wachpersonal gefiel, mußten die Gefangenen dabei sogar noch Lieder singen. Dieser unter den SS-Männern sehr beliebte „Scherz" hieß deshalb „Singende Pferde". Da die Häftlinge den Wagen auch nicht anhalten durften, wenn einer von ihnen unter der Anstrengung zusammenbrach, bezahlten manche Gefangene, die von dem fahrenden Wagen überrollt wurden, diese „Belustigung" der Aufseher mit ihrem Leben.

Die Lagerinsassen wurden aber auch für „sinnvollere" Tätigkeiten eingesetzt, die der Aufrechterhaltung der Lagerorganisation dienten: in der Schreibstube, im Krankenrevier, in der Küche und in der Wäscherei sowie in den Handwerkerkommandos einschließlich der Malerei und Schreinerei. Zudem wurden sie von der SS für private Zwecke — auch zur persönlichen Bereicherung — benutzt, vor allem wenn sie über besondere Fähigkeiten verfügten. So versahen Häftlinge die Haushalte der Offiziere, fertigten Schmuck, Möbel und Einrichtungsgegenstände, bauten Boote und Jagdwagen oder produzierten Geschenkartikel, wie Spielzeug, Holzschnitzereien und Grußkarten. Medizinisch gebildete Gefangene wurden sogar dazu herangezogen, wissenschaftliche Abhandlungen zu verfassen, die von den SS-Lagerärzten unter ihrem eigenen Namen veröffentlicht wurden. Und eine unter dem Decknamen „Unternehmen Bernhard" zusammengestellte Häftlingsgruppe wurde schließlich von der Lagerkommandantur beauftragt, ausländische Banknoten, Pässe, Briefmarken und Wertpapiere zu fälschen, mit deren Verkauf die SS Geld zu verdienen hoffte.

Die Ursprünge der späteren umfangreichen Betätigung der SS im wirtschaftlichen Bereich lagen in diesen „handwerklichen Betrieben", die zunächst Mitte der dreißiger Jahre in Lagern wie Dachau und Sachsenhausen organisiert wurden. Im Laufe der Zeit richtete sich das ökonomische Interesse der SS aber nicht mehr nur auf die Verwertbarkeit der Arbeitskraft der Häftlinge innerhalb der Lager, sondern mehr und mehr auch auf deren Nutzen in Betrieben, die außerhalb der KZ-Grenzen lagen. So wurden von der SS-Führung sogar eigene Unternehmen gegründet, die langfristig zum Aufbau eines SS-Industrie-Imperiums führen sollten. Eines dieses Unternehmen war die „Deutsche Erd- und Steinwerke GmbH" (DEST), die als scheinbar private Gesellschaft u.a. Ziegelwerke und Steinbrüche in Sachsenhausen betrieb.

Diese und andere Gesellschaften waren jedoch nur der Form nach privat. Die Leitungspositionen waren vielmehr von SS-Vertretern besetzt. Und eine der Hauptaufgaben dieser Firmen war die „Beschäftigung der Insassen der Konzentrationslager", wie der Leiter des SS-Hauptamtes Verwaltung und Wirtschaft, Oswald Pohl, am 4. September 1939 in einem Brief an das Reichswirtschaftsministerium schrieb, in dem er um die Genehmigung für den Bau des Oranienburger Klinkerwerkes ersuchte. Mit dieser Nutzung der Lagerinsassen solle, so Pohl, „der Gedanke des Führers und Reichskanzlers, die teilweise dort (in den Lagern, Anm. d. Verf.) noch brachliegenden Arbeitskräfte im Rahmen des Vierjahresplanes nutzbar zu machen, in die Tat umgesetzt werden" (Zst Pdm, RWM, 14, 193 D, zit. nach: Pingel, *Häftlinge unter SS-Herrschaft*, a.a.O., S. 252).

In Wirklichkeit ging es der SS aber wohl weniger um die Beschäftigung der Gefangenen oder darum, den Willen Hitlers in die Tat umzusetzen. Vielmehr konnte sie mit ihren eigenen Unternehmen und der Ausbeutung der Häftlinge in diesen Betrieben stattliche Gewinne erzielen, zumal ihr mit den KZ-Insassen ein nahezu unbegrenztes Potential billigster Arbeitskräfte zur Verfügung stand, das bis zur rücksichtslosen körperlichen Zerstörung ausgebeutet werden konnte: Sklavenarbeiter, die für ihre Arbeit keinen Lohn erhielten, denen keine geregelten Arbeits- und Pausenzeiten zugestanden wurden, und für die es auch keine festen Sonn- und Feiertagsregelungen oder irgendwelche sozialen Leistungen gab.

Die Zwangsarbeit der Lager-Häftlinge kam der SS aber nicht nur in den eigenen Unternehmen zugute. Gefangene konnten gegen Gebühr auch von privaten Firmen „ausgeliehen" werden. Dieser „Verleih" war für die SS ein lohnendes Geschäft: Für einen Facharbeiter wurden in der Regel sechs Reichsmark, für Hilfsarbeiter vier Reichsmark pro Tag in Rechnung gestellt. Zwei Reichsmark pro Person konnten von den Unternehmen jeweils für „Nahrung" und „Unterkunft" der Gefangenen einbehalten werden, sofern sie für die Verpflegung und Unterbringung der Arbeiter selbst aufkamen. Die Einnahmen, die die SS durch den „Häftlings-Verleih" erzielte, beliefen sich allein 1944 auf 2,37 Millionen Reichsmark. KZ-Gefangene arbeiteten unter anderem in den Betrieben von Siemens, AEG, Krupp, DEMAG, Heinkel, Daimler Benz, I.G. Farben, Argus, UFA und Dynamit AG.

Auch in der Phase, als die Zwangsarbeit noch hauptsächlich eine Methode zur Bekämpfung des politischen Gegners war, ging jedoch eine Anzahl von Häftlingen an den Bedingungen der Arbeitseinsätze zugrunde. Verglichen mit den zunehmend strikter werdenden Einsatzbedingungen nach 1939 und vor allem ab 1942 war ein Überleben zu dieser Zeit aber durchaus noch wahrscheinlich. Es gab nicht nur „Nischen", in denen man sich im KZ-Alltag einrichten konnte, sondern auch längere Erholungspausen, wie einen arbeitsfreien Sonnabend und Sonntagnachmittag, die für Erleichterung und Entspannung sorgten.

Mit Kriegsbeginn änderte sich dann der Charakter der Arbeit, die den Lagergefangenen abverlangt wurde: Die Häftlingsarbeit wurde zunehmend zu einem Faktor der deutschen Kriegswirtschaft, vor allem ab 1942, als der Blitzkrieg sich zunehmend zum Abnutzungskrieg wandelte und die NS-Führung allmählich zu der Einsicht gelangte, daß es gewaltiger zusätzlicher Anstrengungen — einschließlich der Mobilisierung des gesamten zur Verfügung stehenden Arbeitskräftepotentials — bedurfte, wenn es überhaupt noch gelingen sollte, den Krieg zu gewinnen. Um die umfassende wirtschaftliche „Nutzung" der KZ-Häftlinge besser zu koordinieren, wurde deshalb im Februar 1942 das SS-Hauptamt Verwaltung und Wirtschaft in das SS-Wirtschafts-Verwaltungshauptamt (SS-WVHA) umorganisiert, das seinen Sitz in der Allee Unter den Eichen 126-135 in

Dokument des SS-WVHA vom 20. 7. 41: Anweisung zur Meldung jüdischer Häftlinge, die über handwerkliche Fähigkeiten verfügen. Aus: Sachsenhausen, a.a.O.

Berlin-Lichterfelde hatte und zur zentralen Kommandobehörde der SS in allen Wirtschafts- und Verwaltungsangelegenheiten wurde.

Von der Umorganisation war auch die SS-Dienststelle des Inspekteurs der Konzentrationslager betroffen, die auf Weisung Himmlers am 16. März 1942 aus dem SS-Führungshauptamt ausschied und dem SS-WVHA als „Amtsgruppe D" unterstellt wurde. Sie behielt aber — von den anderen Amtsgruppen räumlich getrennt — ihren Dienstsitz in Oranienburg, nahe dem KZ Sachsenhausen. Zu ihren Aufgaben gehörte die zügige und möglichst umfassende Eingliederung der KZ-Häftlinge in den Produktionsprozeß der Rüstungsindustrie.

Häftlinge beim Bau einer Bahnstrecke zum Heinkel-Flugzeugwerk nahe Oranienburg. Aus: Sachsenhausen, a.a.O.

Da sich in den Rüstungsbetrieben schon ein empfindlicher Mangel an Arbeitern bemerkbar machte, weil ein großer Teil der Zivilarbeiter als Soldaten an die Front geschickt worden war und die verstärkt eingesetzten Frauen die Lücke nicht völlig schließen konnten, ordnete die SS-Führung schließlich im Mai 1942 in einem Brief an das SS-WVHA die Mobilisierung der KZ-Häftlinge für die kriegswichtigen Industrien an:

„Die Verwahrung der Häftlinge nur aus sicherheits-, erzieherischen oder vorbeugenden Gründen allein steht nicht mehr im Vordergrund. Das Schwergewicht hat sich nach der wirtschaftlichen Seite hin verlagert. Die Mobilisierung aller Häftlingskräfte zunächst für Kriegsaufgaben und Rüstungssteigerung ... schiebt sich immer mehr in den Vordergrund. Aus dieser Erkenntnis ergeben sich notwendige Maßnahmen, welche eine allmähliche Überführung der Konzentrationslager aus ihrer früheren politischen Form in eine den wirtschaftlichen Aufgaben entsprechende Organisation erforderlich machen."
Aus: *Nürnberger Dokumente*, Bd. VIII, S. 363 ff.

Die bisher in den Lagern betriebene Vernichtung von potentiellen Arbeitskräften schien nun in den Augen der NS-Führung gegen die dringendsten Forderungen der Kriegswirtschaft zu verstoßen und war deshalb nicht länger das eigentliche Ziel der Arbeitseinsätze von KZ-Häftlingen. Vielmehr sollten die Lager nun industriell nutzbar gemacht werden — was allerdings keine humane Behandlung, sondern im Gegenteil eine noch brutalere Ausbeutung der Gefangenen zur Folge hatte.

So hatte der schon erwähnte zuständige SS-Obergruppenführer Pohl die Kommandanten der Konzentrationslager am 30. April 1942 — also noch vor den entsprechenden Anordnungen der SS-Führung — angewiesen, die Arbeitsleistung der KZ-Häftlinge maximal auszuschöpfen. Wörtlich hatte er in diesem Zusammenhang erklärt:

„Der Lagerkommandant allein ist verantwortlich für den Einsatz der Arbeitskräfte. Dieser Einsatz muß im wahren Sinne des Wortes erschöpfend sein, um ein Höchstmaß an Leistung zu erreichen ... Die Arbeitszeit ist an keine Grenzen gebunden."
Anweisung des Leiters des SS-WVHA vom 30. April 1942, zit. nach: *Sachsenhausen. Dokumente...*, S. 16.

Diese Anweisung hatte für die Gefangenen in Sachsenhausen — ebenso wie in den anderen Lagern — schwerwiegende Folgen: So wurden die Häftlinge z.B. in den Oranienburger SS-Betrieben „Deutsche Ausrüstungswerke" (DAW) und „Deutsche Erd- und Steinwerke" (DEST) zu noch härterer Arbeit gezwungen; ihre ohne hin äußerst knapp bemessene Freizeit wurde nochmals eingeschränkt. Besonders gefürchtet war eine Tochterfirma der DEST: das „Klinkerwerk", eine Großziegelei, die sich etwa 2 km entfernt vom Lager Sachsenhausen an der Lehnitzschleuse des Hohenzollernkanals befand. Auf Befehl der Kommandantur des KZ Sachsenhausen war sogar eigens eine Verbindungsstraße für den täglichen An- und Abmarsch der Gefangenen zum Klinkerwerk gebaut worden, die rechts und links von einer bewaffneten SS-Postenkette gesäumt wurde. In dieser Firma mußten die Häftlingsarbeiter dann unter extremen Arbeitsbedingungen Ziegel brennen, die die SS für ihre zahlreichen Bauten benötigte. Arnold Weiß-Rüthel berichtete über seinen Einsatz im Klinkerwerk, das unter Häftlingen stets nur „Zirkus Klinker" hieß:

„Hier zitterte und dröhnte alles von Arbeit. Hier wurden die alten Brennöfen in Windeseile abgerissen, dort wurden mächtige Maschinenkörper ohne Kran und Winden von den Häftlingen aus den Lagern gehoben... Rauch, Staub und beizender Qualm verpesteten die Luft, ein ohrenbetäubender Lärm von schlagenden Hämmern, kreischenden Ketten und Rädern, klirrenden Metallteilen und den schrillen Trillerpfeifen der Vorarbeiter und Werkmeister herrschte von morgens bis abends... Alles vollzog sich im Laufschritt, alles mußte rennen, mit Last oder ohne Last. Dort zogen Juden eine viele Tonnen schwere Walze über die abgebaute Tontrasse; einem lebenden Fließband gleich stürzten sich ... tschechische Studenten über hölzerne Laufbrücken in den Bauch einer Zille und entrissen ihm den in Papiersäcken verpackten Zement... Scharführer tobten und schlugen mit dicken Holzprügeln auf die ihnen nicht schnell genug laufenden Häftlinge. Menschen brachen unter der Last eiserner Träger zusammen, wurden wieder hochgerissen und schleppten ächzend weiter."

Aus: Weiß-Rüthel, *Nacht und Nebel*, a.a.O., S. 65 f.

Die SS-Führung mußte jedoch erkennen, daß viele der Lagerinsassen aufgrund der mehr als mangelhaften Ernährung bereits zu geschwächt waren, um noch nutzbringend als Arbeitskräfte in Firmen eingesetzt werden zu können. In einem Schreiben aus dem Jahre 1942, das sich ausdrücklich auf Himmler berief, stellte das SS-WVHA deshalb in nüchterner, bürokratischer Sprache fest, „daß die meisten der ins Lager geschickten Menschen durch die hohe Sterblichkeit für die Produktion untauglich" seien und „durch Tod unproduktiv" würden. Daraufhin entschied die SS-Führung, die Lebensumstände für die Lagerinsassen etwas zu verbessern: So wurden die Tagessätze für die Ernährung der Gefangenen 1942 leicht erhöht. Außerdem erhielten KZ-Häftlinge ab dem Spätherbst 1942 die Erlaubnis, Lebensmittelpakete zu empfangen.

Auch im Lageralltag gab es nun für die Häftlinge einige Erleichterungen: Entsprechend einer Weisung der SS-Führung sollten Gefangene nicht mehr schwer körperlich mißhandelt werden, der Laufschritt wurde abgeschafft, und pro Tag fand nur noch ein Appell statt. Darüber hinaus durften die Häftlinge jetzt häufiger kulturelle Veranstaltungen durchführen, und Angehörigen germanischer Rassen wurde gestattet, sich die Haare wieder länger wachsen zu lassen. Besonders fleißige Häftlingsarbeiter erhielten von der Lagerkommandantur sogar Prämienscheine bis zu einer Höhe von 40 Reichsmark monatlich. Diese „Entlohnung" stand zwar in keinem Verhältnis zur geleisteten Arbeit, ermöglichte es den Gefangenen aber wenigstens, sich dafür im Lager Zigaretten, alkoholfreies Malzbier und andere kleine „Luxusgegenstände" zu kaufen. Arnold Weiß-Rüthel bemerkte dazu später in seinen Erinnerungen lakonisch:

„Wir waren nach wie vor ‚Tote auf Urlaub'; nur mit dem Unterschied, daß man den Toten jetzt gestattete, in ihrer Urlaubszeit Fußball zu spielen."
Aus: Weiß-Rüthel, *Nacht und Nebel*, a.a.O., S. 147.

Die Anweisung der SS-Führung, das Leben der KZ-Häftlinge zu erleichtern, erfolgte allerdings nicht aus humanitären Erwägungen, sondern lediglich zu dem Zweck, der Rüstungsindustrie die von ihr benötigten Arbeitskräfte zu erhalten. Zudem galt die Anweisung nur für die Konzentrationslager, nicht jedoch für die Vernichtungslager.

Das vorrangige Ziel der Maßnahmen, die nun getroffen wurden, bestand also darin, die Arbeitseinsätze der Häftlinge mit größtmöglicher Effizienz zu organisieren. Die dafür zuständige Amtsgruppe der SS-Verwaltung sorgte deshalb zum Beispiel für den individuellen Einsatz der Gefangenen anhand einer Lagerkartei, die über Beruf und besondere Fähigkeiten des einzelnen Häftlings detailliert Auskunft gab. Um die langen An- und Abmarschwege der Arbeitskolonnen einzusparen, ging die SS-Leitung auch mehr und mehr dazu über, die Gefangenen in provisorischen Lagern auf dem jeweiligen Fabriksgelände oder — unter strenger Bewachung — in dessen unmittelbarer Nähe unterzubringen. Dafür wurden dann erneut notdürftig Baracken gezimmert, in denen wiederum Hunderte von Häftlingen auf engstem Raum zusammenleben mußten. Bis 1945 gab es für das Lager Sachsenhausen allein im Stadtgebiet West-Berlins 18 solcher sogenannter „Außenkommandos", wie die folgende Übersicht der Betriebe zeigt, in denen vor allem Häftlinge aus Sachsenhausen zur Zwangsarbeit eingesetzt waren:

(1) Argus-Motorenwerke, Reinickendorf
(2) Deutsche Industriewerke AG, Spandau
(3) Siemens-Schuckert-Werke, Siemensstadt, Haselhorst

(4) Siemens AG, Flugzeuggeräte, Hakenfelde
(5) Henschel-Maschinen-Fabrik AG, Mariendorf
(6) Rheinmetall-Borsig AG, Tegel
(7) Deutsche Maschinenfabrik AG (DEMAG), Wilmersdorf
(8) Spinnstoff-Fabrik, Zehlendorf
(9) Deutsche Maschinenfabrik AG (DEMAG), Falkensee-Staaken
(10) Reichsbahnausbesserungswerk (RAW), Grunewald
(11) Friedrich-Krupp GmbH, Neukölln
(12) Reichsbahnausbesserungswerk (RAW), Falkensee
(13) Baubrigade II, Friedrick-Krause-Ufer
(14) Kastanienallee
(15) SS-Dienststellen, Lichterfelde, Wismarer Straße
(16) Luftschutzkellerbau, Lichtenrade, Briesingsstraße
(17) Verschiedene Baukommandos, Lichterfelde, Unter den Eichen
(18) Verschiedene Baukommandos, Marienfelde, Nahmitzer Damm

Aus: *Landespressedienst Berlin*, 136, 18. Juli 1985, Abgeordnetenhaus, S. 8 - 11.

Die genaue Zahl aller Außenkommandos des Lagers Sachsenhausen läßt sich heute nicht mehr feststellen. Mit Sicherheit sind 95 derartige Außenlager zu benennen, davon allein 64 auf dem Gebiet der früheren DDR und acht in der Bundesrepublik, vier auf polnischem Territorium und zwei sogar auf sowjetischem Gebiet.

Die Lebensbedingungen im Alltag eines derartigen Außenlagers beschrieb Gerhard Birkholz, der selbst als Zwangsarbeiter bei den Siemenswerken in Berlin-Haselhorst eingesetzt war:

„Fünf Baracken gab es da, drei für Männer, zwei für Frauen ... geschuftet haben wir im Siemens-Kabelwerk ... wir waren in Schichten eingeteilt und mußten auch nachts arbeiten. Zwanzig Minuten sind wir vom Lager zur Arbeit marschiert, streng bewacht von der SS ... Geld habe ich für meine Arbeit nicht gesehen. Das einzige, was Siemens uns gab, war täglich eine dünne Wassersuppe ... Wer sich ... bei der Arbeit etwas zuschulden kommen ließ, wurde zurücktransportiert nach Sachsenhausen. Das bedeutete fast immer den sicheren Tod."

Aus: *Niemand und nichts vergessen*, a.a.O., S. 190 f.

Der immer länger andauernde Abnutzungskrieg bedingte aber nicht nur den Einsatz der KZ-Gefangenen in Rüstungsunternehmen. Häftlinge wurden auch zu Tätigkeiten herangezogen, die unmittelbar kriegsbedingt und oft mit Gefahren für Leib und Leben verbunden waren. So mußten Gefangene unter anderem Trümmer räumen, Luftschutzbunker instandhalten und „Blindgänger" — nicht detonierte Bomben — entschärfen. Alles in allem wurden in den letzten Kriegsjahren seit 1942 über 400 000 Männer, Frauen und Kinder, die in den Konzentrationslagern gefangengehalten wurden, zur Zwangsarbeit verpflichtet. Mehr als 23 700 von ihnen stammten allein aus dem KZ Sachsenhausen. Nur wenige haben überlebt. Die meisten gingen an den unmenschlichen Bedingungen der Arbeitseinsätze geistig und körperlich zugrunde.

6. Überlebensstrategien

Wie der einzelne Häftling die extreme Lebenssituation, in der er sich im Konzentrationslager befand, bewältigte, hing in großem Maße von seiner Persönlichkeit ab, aber auch vom Zusammenhalt der Gefangenen untereinander. Wer vor seiner Verhaftung ein eher unpolitischer Mensch gewesen war, hatte in Sachsenhausen in der Regel die größten Schwierigkeiten, sich in der neuen Lage zurechtzufinden. Der Verlust aller Rechte und die entwürdigende Behandlung durch die SS trafen diese Kategorie von „Schutzhäftlingen" besonders hart und unvorbereitet. Viele, die aus bürgerlichen Kreisen stammten, begriffen ihre Inhaftierung nach wie vor als einen „Irrtum" und hofften auch im Lager immer noch auf baldige Klärung und Freilassung. Sie waren zudem oft weder den schweren körperlichen Anstrengungen ausreichend gewachsen noch an die materiellen Entbehrungen und den Hunger gewöhnt.

Die „politischen" Häftlinge hingegen waren auf das, was sie im Konzentrationslager erwartete, zumeist besser vorbereitet. Soweit sie der sozialdemokratischen oder kommunistischen Arbeiterbewegung angehörten, waren sie nach der Machtübernahme der Nationalsozialisten 1933 vielfach in den Untergrund gegangen, um gegen das neue Regime Widerstand zu leisten. Sie hatten die Gefahren, die mit einer solchen illegalen politischen Tätigkeit verbunden waren, bewußt in Kauf genommen und oft schon frühzeitig erste Erfahrungen mit den Verhörmethoden der Geheimen Staatspolizei gesammelt. Auch Berichte von Leidensgenossen hatten kaum noch Zweifel bestehen lassen, wie der NS-Staat mit seinen Gegnern umging.

Häftlinge hingegen, die wegen krimineller Vergehen im Lager Sachsenhausen einsaßen, bemühten sich oft auf ihre Weise um Anpassung an die Lagerbedingungen: In Erwartung persönlicher Vergünstigungen dienten sich viele von ihnen den SS-Aufsehern an, indem sie Spitzeldienste verrichteten oder sich durch besondere Brutalität gegenüber Mitgefangenen „auszeichneten". Dies verhalf ihnen manchmal auch zu einer „Beförderung": etwa auf den Posten eines

Vorarbeiters, was mit besonderen Vergünstigungen und materiellen Vorteilen verbunden war. Dennoch bestand in Sachsenhausen keine so unüberwindliche Kluft zwischen politischen und kriminellen Häftlingen wie in anderen Lagern. Ja, es gab gelegentlich sogar eine regelrechte Zusammenarbeit zwischen den Trägern des roten und des grünen Winkels.

Wer im Konzentrationslager überleben wollte, durfte vor allem nicht im Gefühl der Hoffnungslosigkeit versinken. Allerdings waren bereits die ersten Eindrücke bei der Ankunft oftmals so niederschmetternd, daß viele der Neuankömmlinge in Resignation und Verzweiflung erstarrten. Albert Christel, der selbst mehrere Jahre im KZ Sachsenhausen gefangengehalten wurde und später Selbstmord beging, weil er seine Lagererfahrungen nicht verarbeiten konnte, schrieb dazu in seinen Erinnerungen:

„Das ganze Lagerleben weist ... keinen roten Faden auf, ja man könnte sogar sagen keinen Sinn, kein inneres Gefüge... Es ist einzig durch den Zwang bestimmt, sich durchwinden zu müssen... Menschen gibt es im Lager sowieso nicht. Darum gibt es auch keine echten Schicksale. Es gibt nur Tod, Leben, Angst, Hunger, Augenblickserfolg und Zufall. Schicksale, eigentliche Schicksale, spielen sich nur in einer Welt kausaler Zusammenhänge ab, also in jener Welt, die vor den Toren des Lagers wogt...."

Aus: Christel, *Apokalypse unserer Tage*, a.a.O., S. 53.

Manche der Gefangenen fanden dann jedoch trotz der entmutigenden und entwürdigenden Erfahrungen des Lageralltags allmählich wieder zu ihrer inneren Stärke zurück. Überzeugungen, die sie aus ihrem Vorleben mit in das KZ gebracht hatten, halfen ihnen, den eigenen Überlebenswillen aufrechtzuerhalten. Der evangelische Theologe Werner Koch, der selbst einige Zeit in Sachsenhausen verbringen mußte, bemerkte dazu:

„Wer mit irgendeinem Glauben ..., wer mit irgendeiner menschlichen Substanz hier ins Lager gekommen ist, nimmt zu an Verstand und Menschlichkeit. Wer ohne nennenswerten inneren Halt gekommen ist, verliert auch die letzte innere Zuflucht, er verkommt innerlich und äußerlich, er läßt sich fallen oder geht 'in den Draht'."

Aus: *Widerstand und Verweigerung in Deutschland 1933 bis 1945*, a.a.O., S. 262.

Es bedurfte indessen schon einer außerordentlichen seelischen Kraftanstrengung, in der unmenschlichen Umgebung des Lagers nicht in einem Gefühl endgültiger Hoffnungslosigkeit und Resignation zu versinken. Viele der Häftlinge stellten in ihrer Verzweiflung schließlich sogar alles in Frage, was für sie einmal Leben bedeutet hatte. Arnold Weiß-Rüthel berichtete:

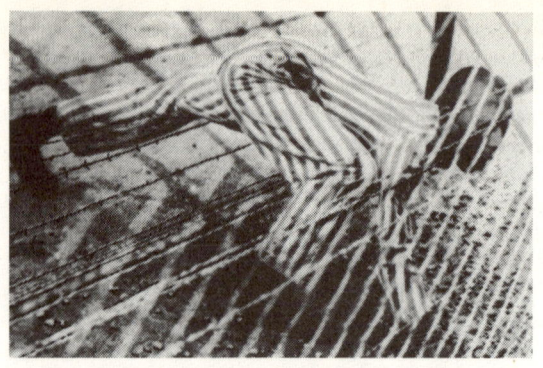

Selbstmord eines Häftlings im elektrisch geladenen Stacheldrahtzaun von Sachsenhausen („Er ging in den Draht"). Aus Sachsenhausen, a.a.O.

„Der nicht ganz stumpfe Mensch ... kommt auf seltsame Gedanken, wie etwa: ‚Ist das wahr, daß einmal ein Mann namens Goethe gelebt hat?' Oder: ‚Wozu gehen die Menschen eigentlich in die Schule? Wozu machen sie Gedichte? Warum spielen manche Violine?' ... Alle diese Fragen und Zweifel sind vielleicht töricht oder unberechtigt. Aber der Mensch ist in solchen Situationen weder gelassen noch weise. Wie ein erschrecktes Tier versucht er, über seinen eigenen Schatten zu springen, und es gibt in einem solchen Augenblick keine Kreatur auf der Welt, die ärmer dran wäre als er."

Aus: Weiß-Rüthel, *Nacht und Nebel*, a.a.O., S. 48.

Angesichts des allgegenwärtigen Sterbens im Lager gewöhnten viele der Häftlinge es sich sogar ab, die Todesdrohungen der SS-Männer weiter ernstzunehmen. Gleichgültigkeit machte sich unter den Gefangenen breit, die sie davor schützte, innerlich zu zerbrechen. Ein sowjetischer Kriegsgefangener, der in Sachsenhausen inhaftiert war, beschrieb die Persönlichkeitsveränderung, die in ihm vorgegangen war:

„Schnell, sehr schnell hörte vieles von dem, was wir in Sachsenhausen durchmachen mußten, auf, uns schrecklich zu erscheinen. Niemals hing der Alptraum des Todes mehr über uns als hier. Aber allmählich stumpfte das Bewußtsein ab, und ich hörte auf, auf alles zu reagieren, was mich umgab: Ich schlief nackt unter einer Decke, bei zehn Grad Frost, nahm gelassen die Schläge hin, ging wie ein Ölgötze zu den endlosen Appellen auf dem Quarantänehof."

Aus: *Niemand und nichts vergessen*, a.a.O., S. 94.

Arnold Weiß-Rüthel bekannte:

„Ich habe ... niemals geweint in den Jahren meiner Haft — aber ich freute mich auf den Tag, da ich wieder einmal weinen durfte."

Aus: Weiß-Rüthel, *Nacht und Nebel*, a.a.O., S. 57.

Wichtigste Hilfe für die gefangenen Menschen blieb oft das Gemeinschaftsgefühl der Häftlinge untereinander. Wer keinen Anschluß an eine Häftlingsgruppe fand, wurde durch die Bedingungen im Lager rasch zermürbt. Entwurzelte Außenseiter besaßen demzufolge auch geringere Überlebenschancen als diejenigen, die einer Gruppe angehörten. Bei jenen Unglücklichen, die freiwillig in den elektrisch geladenen Stacheldrahtzaun gingen, um ihrem unerträglich gewordenen Dasein ein Ende zu bereiten, handelte es sich in den meisten Fällen um derartige Einzelgänger, die ohne religiöse oder weltanschauliche Überzeugung bzw. ohne Bindung an andere Häftlingskameraden gewesen waren.

7. *Gemeinschaftsgefühl und Widerstand*

Eine besondere Rolle beim Überlebenskampf der Gefangenen spielte in Sachsenhausen die „Illegale Politische Leitung" — eine von politischen Häftlingen aufgebaute Geheimorganisation, die sich bald zu einem Sammelpunkt des Widerstandes und der gegenseitigen Unterstützung bei der Abwehr des SS-Terrors entwickelte. Die engagierten und mutigen Gefangenen, die in dieser Gruppe mitarbeiteten — und sich damit bewußt der Gefahr für Leib und Leben aussetzten — machten sich dabei eine Einrichtung zunutze, die ursprünglich von der SS-Lagerleitung geschaffen worden war, um sich eines Teiles der eigenen Arbeit bei der Organisation des Lagers zu entledigen: die „Häftlingsselbstverwaltung", wie sie von der SS ironisch genannt wurde.

Diese Einrichtung bestand aus Gefangenen, die als „Funktionäre" von der Kommandantur ernannt wurden, um im Lager für Sauberkeit und Disziplin zu sorgen und alle Angelegenheiten zu regeln, die mit dem Leben der Häftlinge unmittelbar verbunden waren. Sie war streng hierarchisch gegliedert. An der Spitze standen in der Regel drei von der KZ-Leitung eingesetzte Lagerälteste, die sich vor allem um die Organisation der Arbeitskommandos kümmerten. Dem dann nachgeordneten Führer der Lagerkartei unterstanden wiederum die Blockältesten, die jeweils die Bewohner ihrer Häftlingsbaracken beaufsichtigten. In den Gefangenenunterkünften schließlich mußten von den Barackenältesten ausgewählte Stuben und Tischälteste für einen geregelten Tagesablauf in den kleineren Bereichen sorgen. Darüber hinaus wurden die in der Küche, Wäscherei und Gärtnerei anfallenden Arbeiten ebenfalls von den Gefangenen selbst organisiert und verrichtet. Aber auch wichtigere Positionen im Lager waren von Häftlingen besetzt: So waren die Pfleger der Krankenstation, die Vorarbeiter der Arbeitskommandos („Kapos"), ja selbst die Schriftführer der Lagerkartei mit ihren gestreiften Anzügen und den Winkeln unschwer als „Schutzhäftlinge" zu erkennen.

Anfangs achtete die SS darauf, derartige Schlüsselpositionen nur an Häftlinge zu vergeben, die wegen krimineller Vergehen einsaßen. Die Lagerleitung erhoffte sich von den als „Berufsverbrecher" eingestuften Gefangenen größere Ergebenheit und schätzte bei ihnen das Risiko eines „Machtmißbrauchs" geringer ein als bei politischen Häftlingen, die eher zum Widerstand neigten. Tatsächlich waren viele Lager- und Blockälteste aus der Gruppe der „Kriminellen" aus Furcht oder um des eigenen Vorteils willen schneller bereit, in diesem Sinne mit der SS zusammenzuarbeiten und die ihnen untergebenen Häftlinge zu kontrollieren, auszuspionieren und zu schikanieren. Allerdings erwiesen sie sich meist rasch als unfähig, die ihnen auferlegten Pflichten der Verwaltung und Organisation in zufriedenstellendem Maße zu erfüllen. Die Lager-SS sah sich daher bald gezwungen, die kriminellen Häftlingsfunktionäre durch andere, geistig beweglichere Häftlinge, die meist aus den Reihen der politischen „Schutzhaftgefangenen" kamen, zu ersetzen.

In den Kreisen der „Politischen" war man zunächst unschlüssig, ob man die sich damit bietende Chance, die eigene Lage zu verbessern, wirklich ergreifen sollte. Ein Zwiespalt tat sich auf: Wurde nicht jeder, der im Konzentrationslager ein „Amt" übernahm, selbst Teil der Gewaltherrschaft und des Terrorsystems der SS? Andererseits: Konnten sich nicht durch eine „Mitarbeit" ganz neue Möglichkeiten ergeben, das Schicksal der Menschen im Lager zu erleichtern und darüber hinaus sogar geheimen Widerstand zu leisten? Nachdem das Für und Wider abgewogen worden war, entschieden sich die meisten politischen Gefangenen dafür, die Häftlingsselbstverwaltung zu unterstützen und sie durch Übernahme der Schlüsselpositionen entsprechend den eigenen Zielen — so weit wie möglich — zu nutzen.

Die Häftlingsselbstverwaltung hatte zwar keinen unmittelbaren Einfluß auf die Befehle und Anordnungen der SS. Trotzdem konnte ein mutiger und taktisch geschickter Lagerältester in vielen Dingen das Los der Häftlinge erleichtern helfen. Er konnte — hier und da mit Erfolg — SS-Vorgesetzten Verbesserungs- und Milderungsvorschläge unterbreiten. Er konnte auch — in Verbindung mit Schreibstube und Arbeitsdienst — die Einteilung der Häftlinge in Arbeitskommandos vornehmen und durfte sogar Angebote über die Verlegung von Gefangenen in andere Konzentrationslager einreichen, wodurch manche der Häftlinge, die sich die Ungnade bestimmter SS-Offiziere oder Vorarbeiter zugezogen hatten, vor dem sicheren Tod gerettet wurden.

Nachdem die politischen Gefangenen sich grundsätzlich dafür entschieden hatten, in der Häftlingsselbstverwaltung mitzuwirken, gelang es ihnen innerhalb kurzer Zeit, alle wichtigen Funktionen in dieser Einrichtung zu übernehmen. Trotz der grundsätzlichen politischen Meinungsverschiedenheiten zogen Sozialdemokraten und Kommunisten dabei in Sachsenhausen — anders als in anderen Lagern, wo weltanschauliche Differenzen eine Zusammenarbeit zwischen diesen beiden Häftlingsgruppen verhinderten — an einem Strang. Unter den Augen der mißtrauischen SS-Männer begannen sie bald auch mit der Errichtung eines geheimen Geflechtes von Beschaffungs-, Informations- und Kontaktkanälen, die dem Aufbau einer illegalen Selbsthilfeorganisation im Lager dienten und für mehr Mitmenschlichkeit und Solidarität im Lager sorgen sollten.

Weitgehend unbemerkt von der SS gelang es dieser geheimen Organisation, umfangreiche Solidaritätsaktionen für Mitgefangene durchzuführen. Viele Lagerinsassen waren daran beteiligt, obwohl jeder von ihnen wußte, daß derartige Hilfeleistungen das eigene Leben kosten konnten, wenn sie von den Aufsehern entdeckt wurden. So beschafften Häftlinge heimlich Nahrungsmittel und Medikamente aus den Beständen der SS, um sie bedürftigen und notleidenden Gefangenen zukommen zu lassen. Norwegische Lagerinsassen, die das Glück hatten, Rot-Kreuz-Lebensmittelpakete zugesandt zu bekommen und damit relativ gut versorgt zu sein, teilten ihre Schätze mit den anderen. Dankbar erinnerte sich ein Häftling dieser Mitmenschlichkeit der norwegischen Häftlinge:

„Ins Krankenrevier gaben sie Kondensmilch und Käse, was manchem Kameraden das Leben rettete. Ich lag einmal mit schwerer Angina im Revier. Zufällig besuchte der norwegische Stubenälteste einen seiner Landsleute. Als er mich erkannte, veranlaßte er Hilfe durch Milchpulver, Zucker und Käse. Ich weiß noch heute sehr gut, wie wohl mir das tat."

Zit. nach: Knop, *Spanienkämpfer...*, a.a.O., S. 37.

Bei ihren Hilfsaktionen entwickelten die Gefangenen oft viel Phantasie: In der Lagerbäckerei arbeiteten die dort tätigen Häftlinge ein ausgeklügeltes System der Schmälerung der Brote um jeweils 20 bis 50 Gramm aus, um es für Hilfsaktionen an die im Lager befindlichen sowjetischen Kriegsgefangenen abzuzweigen. Selbst diejenigen, die kaum genug für sich selbst besaßen, teilten oft noch das Wenige mit ihren Leidensgenossen. Ein ehemaliger Gefangener erinnerte sich an den Mangel an Nahrungsmitteln, der in Sachsenhausen herrschte und der deshalb die gegenseitige Hilfe um so wertvoller werden ließ:

„Jeder, der als Häftling in Sachsenhausen war, kennt die Steckrübe. Früh Mehlsuppe mit wenig Mehl, mittags Steckrüben, abends die Blätter oder mittags die Blätter und abends die Rüben — dazu 300 Gramm Brot, etwas Margarine oder Blutwurst — vor Hunger sah ich regelmäßig regenbogenfarbige Kreise an der Wand. Und dennoch beteiligten wir uns an den Solidaritätsaktionen der Brotspende für jüdische Häftlinge, die überhaupt keins erhielten. Ende 1943 durften wir erstmalig Pakete mit Lebensmitteln von zuhause erhalten. Pro Monat ein Päckchen, nicht über 5 Kilo brutto, und wer eines bekam, verzichtete auf seine Ration — und teilte das Päckchen mit seinen Kameraden."
Zit. nach: Knop, *Spanienkämpfer...*, a.a.O., S. 37.

Der Erlaß Himmlers, der den Häftlingen — unter dem Zwang der kriegsbedingten Nahrungsmittelknappheit — den Paketempfang gestattete, trug so indirekt zur Solidarität unter den Häftlingen bei: Die Gefangenen, die Pakete erhielten, teilten mit denen, die nichts oder wenig bekamen. An den Postsendungen ließ sich im übrigen genau ablesen, in welchen Ländern trotz des Krieges noch ein gewisser Wohlstand herrschte. So erhielten französische, tschechische oder norwegische Gefangene oft riesige Kisten, die mit den köstlichsten Lebensmitteln angefüllt waren, während die deutschen Inhaftierten meist nur noch über Trockenmilch, Bohnen, Grieß oder Hirse verfügten. Am schlimmsten aber traf es die sowjetischen Gefangenen, die bei der Paketverteilung fast immer leer ausgingen. Hier sorgte die Häftlingsselbstverwaltung mit Einverständnis der Paketempfänger dann für einen gewissen Ausgleich.

Die Not der Kranken, Geschwächten oder unmittelbar vom Tode Bedrohten konnte durch die Hilfsaktionen ebenfalls häufig gelindert werden; nicht wenigen von ihnen wurde sogar das Leben gerettet, indem die Häftlingskrankenpfleger zum Beispiel Blutspenden für Verletzte organisierten. Auch in den Arbeitskommandos konnten wohlmeinende Lagerälteste helfend eingreifen — etwa durch die Umbuchung entkräfteter Kameraden auf leichtere Einsätze. Und in den Wohnbaracken sorgten verantwortungsbewußte Stubenälteste für die Aufrechterhaltung der Grundformen menschlichen Umgangs und zivilisierten Zusammenlebens, damit jeder der Gefangenen wenigstens seine Essensration, seinen Schlafplatz und eine Decke erhielt.

Beispiele für das segensreiche Wirken solcher Menschen gab es viele. So berichtete der französische Häftling Picart, der in Sachsenhausen gefangengehalten wurde, über seinen Blockältesten Christian Mahler:

„Sein Block war ein ‚Paradies in der Hölle'. Hier, wo die Essensrationen gleichmäßig verteilt wurden, wo das Leben ohne Hektik verlief, ohne Zank und Streitigkeiten, wo Diebstahl, Ungerechtigkeit oder Mißhandlungen durch Häftlinge unbekannt waren, wo Solidarität organisiert wurde, wo selbst die Ruhe des einzelnen in der Freizeit und während der Nachtruhe gewährleistet wurde, (war) eine Insel der Gerechtigkeit, der Freundschaft und des Trostes."

Aus: *Sachsenhausen. Dokumente...*, a.a.O., S. 31.

Diese Persönlichkeiten, die selbst als Häftlinge im KZ ihre Aufrichtigkeit und Menschenwürde nicht verloren, sorgten in den Baracken und Arbeitskommandos dafür, daß nicht auch noch unter Leidensgenossen der Schwächere dem Stärkeren unterlag. Doch auch die anderen Häftlingskameraden waren oft bemüht, einander in alltäglichen schwierigen Situationen zu helfen, wie ein ehemaliger Gefangener schilderte:

„Im Block 26 waren auch französische Bergarbeiter... Sie konnten ihre Betten nicht bauen und keiner hat ihnen dabei geholfen. In der Zeit ... gab es noch Bettzeug, das blauweiß kariert war. Die Strohsäcke mußten solange geklopft werden, bis sie kastenförmig aussahen. Auch die Karos auf dem Bettzeug mußten genau in einer Reihe liegen. Die Franzosen brauchten dafür aber immer soviel Zeit, daß sie auf manche Mahlzeit verzichten mußten. Wir haben den Franzosen geholfen und ihnen an die Seite von ihrem Bettzeug ein Band genäht, so daß sich auf der Oberseite immer genau 32 Karos befanden."

Zit. nach: Knop, *Spanienkämpfer...*, a.a.O., S. 24.

Selbst die jüdischen Häftlinge, die seit 1938 in Sachsenhausen in strenger Isolationshaft gehalten wurden, und die sowjetischen Kriegsgefangenen, die von der SS seit 1941 abgeschirmt untergebracht waren, profitierten von den mutigen Unterstützungsaktionen des illegalen Häftlingskomitees, obwohl die Hilfe in diesen Fällen mit einem besonders hohen Risiko verbunden war. So wurde zum Beispiel ein junger holländischer Häftling gehängt, weil er einem jüdischen Mitgefangenen etwas Brot hatte zustecken wollen. Trotzdem gelang es den Angehörigen des Häftlingskomitees immer wieder, dringend benötigte Arzneien und Nahrungsmittel in die Isolierblocks der jüdischen und sowjetischen Gefangenen einzuschmuggeln. Boris Winnikow, der seit 1943 als sowjetischer Kriegsgefangener im Quarantänebereich von Sachsenhausen interniert war, berichtete über eine solche Solidaritätsaktion:

„Ende 1943 brachte man mich von dem Gestapo-Gefängnis Ninburg ins KZ Sachsenhausen. Außer neuer Grausamkeiten gab es hier für mich keine Veränderungen, aber die Solidarität und gegenseitige Unterstützung spürte man sofort. Bereits wenige Tage nach meiner Einlieferung sagte ein Kalfaktor, ein deutscher politischer Häftling, beim Vorbeigehen im Quarantäneblock kaum hörbar zu mir: ‚Russe, im Waschbecken in der Ecke, Suppe!' Durch bittere Erfahrungen enttäuscht, glaubte ich, es sei eine Provokation und nahm die Suppe nicht. In Kürze wiederholte sich aber Selbiges. Dieses Mal wollte ich Willi nicht durch eine nochmalige Säuberung zusätzliche Arbeit aufbürden. Seit der Zeit brachte Willi fast täglich unter dem Risiko, wie ein Tier geschlagen zu werden, eine Schüssel Suppe. Mein Freund und ich beobachteten, daß er sowohl den Polen, als auch den Franzosen eine zusätzliche Portion Suppe gab."

Aus: *Stärker als der Tod*, zusammengestellt und eingeleitet von Barbara Kühle (= Sachsenhausen, H. 4), Oranienburg 1987, S. 28.

Diese Hilfsmaßnahmen, soweit sie nicht ohnehin aus mitmenschlichem Gefühl heraus spontan geschahen, wurden meist in den Abendstunden im kleinen Kreis in den Häftlingsbaracken geplant und abgestimmt. Hans Hüttner, der selbst als Häftling in Sachsenhausen einsaß, berichtete darüber:

„Umfangreiche Solidaritätsaktionen, gelenkt von der Leitung der Widerstandsorganisation im Lager, setzten ein. Es waren gefahrvolle Einsätze. Die SS durfte nichts merken. Spitzel gab es allerorts. In den Abendstunden kamen unbemerkt Krankenpfleger aus dem Häftlingsrevier, ausgerüstet mit den zur Verfügung stehenden Medikamenten und Instrumenten, in unsere Baracken. Eine illegale fliegende Ambulanz. Viele konnten einstweilen gerettet werden. Die Moral stieg. Wir hatten Freunde, die sich für für uns selbstlos in Gefahr begaben. Hilfe kam aus dem Lebensmittelmagazin, aus der Bekleidungskammer, um uns die von der SS entzogene Zuteilung wieder zukommen zu lassen. Überall wurde die unsichtbare Front der Widerstandsorganisation durch wirksame Hilfe für uns spürbar."

Aus: *Sachsenhausen. Dokumente...*, a.a.O., S. 85.

Das Netz, das dabei zwischen den Mitgliedern der illegalen Häftlingsvereinigung geknüpft wurde, schuf untereinander ein wichtiges Gefühl des Zusammenhalts. Neu eingelieferte politische Gefangene hatten meist bereits kurz nach ihrer Ankunft in Sachsenhausen Kontakt zum geheimen Lagerkomitee und den sozialdemokratischen oder kommunistischen Parteigenossen. Diese Verbindungen waren für den Einzelnen auch deshalb wichtig, um sich gegen die besonders gefährlichen Spitzel abzusichern, die bereit waren, Mithäftlinge für ein Päckchen Zigaretten bei der SS zu verraten.

Die geheime Häftlingsverbindung wurde aber nicht nur helfend tätig. Auch die Abhaltung der schon erwähnten Schulungszirkel und geheimen Gesprächs- und Diskussionsabende wurde von ihr organisiert, um die politische Information und Bildung unter den von der Außenwelt abgeschnittenen Gefangenen zu fördern. Einigen Häftlingen gelang es sogar, heimlich Flugblätter zu drucken, die bei entsprechender Gelegenheit verteilt werden sollten, um die Bevölkerung zum Widerstand gegen die NS-Herrschaft aufzurufen.

Außer um Solidaritätsmaßnahmen und Informationsveranstaltungen im Lager bemühten sich die Mitglieder des illegalen Häftlingskomitees ferner um die Sammlung und Auswertung von Nachrichten aus der Welt außerhalb des Lagers, um die Isolation der KZ-Haft zu durchbrechen. Sie waren dabei lange Zeit praktisch ausschließlich auf die Mitteilungen der Neuankömmlinge angewiesen, ehe es während des Krieges einigen Häftlingen gelang, in aller Heimlichkeit einen kleinen Radioempfänger zu bauen, mit dem sie die Sender der Alliierten — in erster Linie BBC — abhören konnten. Vor allem der Frontverlauf und die Entwicklung der internationalen Lage waren für die Lagerinsassen nun von Interesse. Denn jeder militärische Erfolg der Alliierten ließ zugleich den Tag der Befreiung aus dem Konzentrationslager näherrücken und steigerte den Willen der Gefangenen, auszuharren und durchzuhalten, weil er ihnen neue Hoffnung auf ein baldiges Ende ihrer Leiden gab.

Als die KZ-Häftlinge mit zunehmender Kriegsdauer mehr und mehr zu Arbeitseinsätzen in Betrieben außerhalb des Lagers herangezogen wurden, kamen sie nach langer Zeit auch erstmals wieder in Kontakt mit Zivilarbeitern. Damit eröffneten sich neue Kanäle der Informationsbeschaffung. Einer der ehemaligen Häftlinge erinnerte sich:

„Nachrichten und Informationen haben wir vom Hauptlager, aber auch von Zivilarbeitern erhalten. Ich hatte ... mit ... zwei Zivilisten Kontakt ... andere Häftlinge hatten wieder mit anderen Zivilangestellten Kontakt, so daß es uns an Informationen nicht fehlte."

Zit. nach: Knop, *Spanienkämpfer...*, a.a.O., S. 41.

Zugleich erkannte das illegale Gefangenenkomitee von Sachsenhausen in der Beschäftigung der Häftlinge in Außenlagern eine Chance, aktiven Widerstand gegen das NS-Regime zu leisten. So wurden Sabotageakte organisiert, um die Kriegswirtschaft zu schwächen und den Zusammenbruch der nationalsozialistischen Herrschaft zu beschleunigen. Die geheime Anweisung an die Häftlinge, die in kriegswichtigen Industriebetrieben arbeiten mußten, lautete:

„Langsam arbeiten, Ausschuß fabrizieren, Material vergeuden, Maschinen ausfallen lassen."

Zit. nach: *Damals in Sachsenhausen. Solidarität und Widerstand im KZ Sachsenhausen*, Berlin 1967, S. 89.

Auch der ehemalige Sachsenhausener Häftling Heinrich Lienau erinnerte sich an dieses Prinzip:

„Es war ein ungeschriebenes Gesetz, alles zu tun, um den Krieg zu verkürzen."
Aus: Lienau, *Zwölf Jahre Nacht*, a.a.O., S. 157 f.

So wurden zum Beispiel Stahlplatten, die für die Produktion von Panzern bestimmt waren, unter Schutt vergraben. Ausrüstungsgegenstände für die Wehrmacht wurden derart fehlerhaft hergestellt, daß sie nicht verwendet werden konnten. Werkzeuge wurden mutwillig zerstört. Ja, es gelang Gefangenen sogar, Konstruktionspläne für Flugzeuge zu fälschen und die Grundmauern einer von der deutschen Heeresleitung geplanten Munitionsfabrik einstürzen zu lassen. Aber derart spektakuläre Aktionen waren eher die Ausnahme. Zumeist wurden nur kleinere Schäden angerichtet, die nichtsdestoweniger dazu beitrugen, den Produktionsablauf zu beeinträchtigen. Immer jedoch mußten die Gefangenen sorgfältig darauf achten, keine Spuren zu hinterlassen, um nicht entdeckt zu werden. Denn Sabotage wurde unweigerlich mit dem Tode bestraft.

Außerdem erhielten die Häftlinge durch die Außenkommandos — wenn auch nur in sehr begrenztem Umfang — wieder Kontakt mit der Bevölkerung. Einige Bürger steckten den Häftlingsarbeitern dabei heimlich etwas zu: ein wenig Eßbares, ein paar Zigaretten. Besonders couragierte Mitmenschen verhalfen Gefangenen sogar zur Flucht. Diejenigen Zivilisten, die auf diese Weise einem KZ-Insassen halfen oder einfach nur ihr Mitleid erkennen ließen, begaben sich damit jedoch selbst in große Gefahr, da jegliche Kontaktaufnahme zu Lagerhäftlingen streng verboten war. So mußte ein Meister in den Heinkel-Werken in Berlin, der den dort beschäftigten KZ-Arbeitern gelegentlich eine Sonderration Essen zuteilte, seine Menschlichkeit mit der Einlieferung ins Konzentrationslager bezahlen. Für die Häftlinge bedeuteten die Kontakte zur Außenwelt, die sie über die Arbeit in den Außenkommandos erhielten, jedoch einen kleinen Hoffnungsschimmer.

Aber auch innerhalb des Lagers ließ die Arbeit des illegalen Häftlingskomitees ein Gefühl der Zusammengehörigkeit unter den politischen Gefangenen entstehen, das selbst tückische Pläne der Lagerleitung zunichte machen konnte. Als besonders wirksam erwies sich dieser Gemeinschaftssinn im Falle des sogenannten „Lagerbordells": Um die Häftlinge zu korrumpieren und gefügiger zu halten, hatte der SS-Lagerkommandant im Juli 1944 zwanzig weibliche Häftlinge aus dem Frauen-KZ Ravensbrück nach Sachsenhausen bringen lassen. Diese sollten jedem, der sich nach Ansicht der Sachsenhausener Lager-SS besondere „Verdienste" erworben hatte, für sexuelle Handlungen zur Verfügung stehen. So wurden beispielsweise „gute Führung", gute Arbeitsleistungen und vor allem Spitzeldienste mit einer Besuchszeit von durchschnittlich zwanzig Minuten „belohnt". Unter den Angehörigen der illegalen Häftlingsorganisation war man sich schnell darüber einig, dieses üble Spiel der SS, das die Gefangenen gegeneinander ausspielen sollte, nicht mitzumachen, sondern das Bordell konsequent zu boykottieren. Wer aus dem Kreise der politischen Gefangenen gegen diesen Boykott verstieß, wurde aus der Gruppe verstoßen und fortan strikt gemieden; jegliche Hilfe, die für das Überleben im Lager so wichtig war, wurde ihm dann entzogen. Soweit es die politischen Gefangenen betraf, war diese Strategie auch tatsächlich erfolgreich: Der Boykott wurde weitgehend befolgt. Den Frauen war damit allerdings noch nicht geholfen. Denn das „Freudenhaus" der SS bestand auch weiterhin — genutzt von den kriminellen Häftlingen und nicht zuletzt von den SS-Aufsehern selbst.

Bei allen Erfolgen, die die geheime Häftlingsorganisation in Sachsenhausen zu verzeichnen hatte — vor allem bei der Aufrechterhaltung und Stärkung des Überlebenswillens —, blieben aber auch Rückschläge und Niederlagen nicht aus. Spitzel, die um eigener Vorteile willen für einen kleinen Lohn alles und jeden verrieten, bildeten eine ständige Bedrohung. Die Mitgliedschaft im geheimen Häftlingswiderstand, die vielen zum Überleben verhalf, wurde deshalb einigen zum Verhängnis. So gelang es der SS im März 1944, heimlich auf einer Schreibmaschine hergestellte Flugblätter sowie den in der Lagerwerkstatt gebastelten Radioempfänger aufzuspüren. „Kriminelle" Gefangene hatten die „politischen" Kameraden denunziert und der Lagerleitung einen Tip gegeben. Nur wenige Monate später, im Oktober 1944, wurde ferner eine vom illegalen Lagerkomitee organisierte Hilfsaktion für russische Kriegsgefangene von den Aufsehern entdeckt.

Die Folgen für die Betroffenen im einzelnen sowie für den Widerstand im Lager Sachsenhausen allgemein waren verheerend: Diejenigen Häftlinge, die an den Aktionen unmittelbar beteiligt gewesen waren, wurden auf Befehl der SS erschossen oder erhängt; darüber hinaus wurde die gesamte Leitung der „Häftlingsselbstverwaltung" ausgetauscht und in andere Konzentrationslager überstellt. Danach war der Widerstand im KZ Sachsenhausen so sehr geschwächt, daß er in der Endphase des Krieges nicht mehr die gleiche Wirksamkeit entfalten konnte wie der Widerstand von KZ-Insassen in anderen Lagern, etwa in Auschwitz oder Buchenwald, wo es den Gefangenen schließlich sogar gelang, Vorbereitungen für einen Aufstand gegen die SS-Bewacher und für die Selbstbefreiung zu treffen.

8. Krankenbehandlung und Menschenversuche

Wer bei der Zwangsarbeit bzw. aus anderen Gründen, etwa der mangelnden Hygiene oder der ständigen Unterernährung, im Lager Sachsenhausen erkrankte, sah sich einer tödlichen Gefahr ausgesetzt. Schon die bloße Krankmeldung eines Häftlings bei einem der SS-Lagerärzte bedeutete ein unkalkulierbares Wagnis. Oft unterstellten die KZ-Ärzte selbst bei sehr offensichtlichen Krankheitssymptomen einen „Täuschungsversuch" und Simulantentum, um sich die ihnen lästige medizinische Behandlung zu ersparen — was für den betreffenden Häftling jedoch eine schwere Bestrafung zur Folge haben konnte. Der ehemalige Sachsenhausener Gefangene Odd Nansen schrieb dazu:

„Es wird keiner krank gemeldet, der nicht hohes Fieber hat, und sogenannte ‚Schonung' bekommen nur diejenigen, die nicht laufen können oder arbeitsunfähig sind infolge von Geschwüren, Phlegmonen und anderen Leiden. Wenn Oranienburg auch kein ausgesprochenes Vernichtungslager ... ist, so ist es jedenfalls doch eine ‚Gesundheitszerstörungsanstalt' ersten Ranges."

Aus: Nansen, *Von Tag zu Tag*, a.a.O., S. 117.

Aber selbst Lagerinsassen, bei denen eine ernsthafte Erkrankung diagnostiziert wurde, konnten kaum mit ausreichender medizinischer Betreuung und Hilfe rechnen. Im Gegenteil: Sie liefen Gefahr, von der SS den berüchtigten „Stehkommandos" zugeteilt zu werden, wodurch sich ihre Genesungs- und Überlebenschancen drastisch verringerten. Und nicht selten kam die Krankheit praktisch einem Todesurteil gleich, da die Häftlinge, die aufgrund ihrer Erkrankung „arbeitsunfähig" und damit für die Lagerleitung „nutzlos" geworden waren, direkt in den Tod geschickt wurden — wie zum Beispiel im Februar 1944, als in Sachsenhausen etwa 4000 an Tuberkulose erkrankte Gefangene vergast wurden. Die SS-Ärzte ordneten schließlich sogar an, daß sich pro Block nur eine bestimmte Anzahl kranker Häftlinge melden durfte, so daß oft selbst Schwerkranke durch Stockschläge der Aufseher wieder zu ihrem Arbeitskommando zurückgetrieben wurden.

Wer tatsächlich in das Krankenrevier des Lagers eingewiesen wurde, traf hier auf menschenunwürdige Zustände. Der sogenannte „Krankenbau" bestand bis zum Frühjahr 1940 lediglich aus zwei unterkellerten Steinbaracken und wurde dann — als durch die Epidemien der Kriegsjahre der Bedarf sprunghaft wuchs — auf vier und ab 1943/44 auf neun Krankenbaracken erweitert, von denen aber nur zwei wirklich für die Krankenbehandlung eingerichtet waren. Doch selbst diese Einrichtung, die aus Röntgenapparaten, Operationstischen, Verbands- und Zahnarztzimmer bestand, sagte über die wirkliche Pflege der Patienten nichts aus, da sie hauptsächlich als Vorzeigeobjekte für Besuchergruppen und weniger der medizinischen Versorgung der Gefangenen dienten.

In den hoffnungslos überbelegten Krankenunterkünften siechten die Menschen dahin — ohne ausreichende ärztliche Betreuung und Medikamente, unter katastrophalen hygienischen Verhältnissen, verlaust und von Ungeziefer aller Art geplagt. Der ekelerregende Gestank von eiternden Wunden und verwesenden Körperteilen erfüllte die Luft. Allein in den drei Monaten von September bis Dezember 1942 verstarben hier — wie die Lagerstatistik ausweist — mehr als 1200 bettlägerige Häftlinge. Albert Christel beschrieb in seinen Erinnerungen das Bild, das sich ihm bot, als er den „Krankenbau" erstmals betrat:

„Im Revier sieht's aus wie auf einem Schlachtfeld. Auf allen Gängen, in jedem Winkel liegen Kranke auf Matratzen herum. Alte, verbrauchte Binden häufen sich bergeweise und stinken. Weit über die Hälfte aller Reviergänger hat Furunkel. Die Abfalleimer quillen über von Verbandsfetzen, Tupferresten und allem möglichen anderen Zeugs. Dreckbatzen von Häftlingsstiefeln bilden mit Blut und Eiterspritzern ein wüstes Bodenmosaik... An eine Reinigung der Instrumente, gar eine sachgemäße, gründliche Desinfektion ist nicht zu denken."

Aus: Christel, *Apokalypse unserer Tage*, a.a.O., S. 176.

Ähnliches gab auch ein anderer ehemaliger Häftling im Bonner Sachsenhausen-Prozeß 1958/59 zu Protokoll, als er die Lebensbedingungen der Kranken schilderte:

„Fürchterliche Zustände herrschten in der Krankenbaracke. 380 bis 400 Häftlinge waren dort zusammengepfercht, in drei Betten übereinander, oft zwei Mann in einem Bett. Manchmal war der Nebenmann schon tot, wurde aber nicht tot gemeldet, weil seine Ration noch an die Lebenden verteilt wurde."

Aus: Dam und Giordano, *KZ-Verbrechen vor deutschen Gerichten*, a.a.O., S. 166.

Ein anderer Gefangener berichtete über die Zustände in der Krankenbaracke:

„Was ich hier sah und erlebte, war entsetzlich... Die Kranken stöhnten und schrien vor Schmerzen, auch angesichts der primitiven Behandlungsmöglichkeiten und der fehlenden Medikamente. Die Räume waren überfüllt. Die Kranken lagen in dreistöckigen Betten auf Strohsäcken. Bettwäsche war knapp. Als ich dieses Krankenrevier 1944 wiedersah, lagen in der Regel zwei Kranke in einem Bett, und es war keine Seltenheit, daß sich drei Kranke ein Bett teilen mußten. Es spielten sich unvorstellbare menschliche Tragödien ab. Täglich starben Häftlinge: Hilfe kam sehr oft zu spät."

Aus: *Niemand und nichts vergessen*, a.a.O., S. 42 f.

Das Krankenrevier war indessen eine beliebte Anlaufstelle für gelangweilte SS-Männer, die sich mit den dahinsiechenden und geschwächten Menschen gerne einen „Spaß" — wie sie es nannten — erlaubten. Im Bonner Sachsenhausen-Prozeß beschrieb ein ehemaliger Häftling, wie Sorge und Schubert in den Patientenunterkünften gewütet hatten:

„(Die) Angeklagten Sorge und Schubert (drangen) ... gegen sechs Uhr (morgens) in die Revierbaracke ein, in der damals die an Ruhr erkrankten Häftlinge lagen. Beide Angeklagten führten Hölzer in der Art eines Schaufelstiels mit sich. Diese schoben sie jeweils unter den Körper eines Kranken, die teilweise infolge der Krankheit nur noch 70-80 Pfund wogen, und warfen ihn mit einem Ruck aus den Betten auf den Boden. Auf die am Boden liegenden Häftlinge schlugen sie dann mit den Hölzern ein. Die Aktion dauerte etwa zwanzig Minuten."

Aus: Dam und Giordano, *KZ-Verbrechen vor deutschen Gerichten*, a.a.O., S. 470.

Viele Patienten holten sich im Revier noch zusätzliche Krankheiten. Da Personen mit Ruhr, Typhus, Scharlach oder offener Tuberkulose einfach nebeneinander gelegt wurden, breiteten sich Infektionen rasch weiter aus. An eine Gesundung war unter diesen Umständen kaum zu denken. Albert Christel schilderte den beinahe hoffnungslosen körperlichen Zustand der im Krankenrevier befindlichen Gefangenen:

„Bei fast allen zeigt die Haut braune Flecken, vielleicht vernarbte Wundmale, vielleicht verbrauchtes krankes Gewebe und rote Stellen, die wie entzündet aussehen. Was aber diese ausgemergelten Gestalten vollends als lebende Leichname kennzeichnet, sind weite Wundstellen, unterlaufene plackige Flächen, die bei vielen zu offenen Phlegmonen geworden sind, die, wenn überhaupt, nur durch notdürftige Verbände geschützt, vor sich hin schwären."

Aus: Christel, *Apokalypse unserer Tage*, a.a.O., S. 79.

Die Essenszuteilungen waren im Krankenbau noch spärlicher als im übrigen Lager. Eine ärztliche Versorgung, die diesen Namen verdient hätte, gab es nicht. Zwar bemühten sich die Pfleger, die aus den Reihen der Gefangenen stammten, nach besten Kräften, den Patienten beizustehen und ihre Leiden wenigstens zu lindern. Aber da Häftlinge, die einen Heilberuf erlernt hatten, auf Befehl der Lagerkommandantur nicht im Krankenbau tätig werden durften, besaßen die Pfleger meist nicht genügend medizinische Kenntnisse, um wirklich helfen zu können, und waren darauf angewiesen, sich in Gesprächen mit inhaftierten Ärzten innerhalb kurzer Zeit eine medizinische Halbbildung anzueignen, die sie dazu befähigte, zumindest das Notwendigste zu erledigen. Im Laufe der Zeit erlangten die Häftlingspfleger allerdings einen derart guten Ruf, daß sogar SS-Männer es schließlich vorzogen, sich von ihnen und nicht von den Truppenärzten behandeln zu lassen. Manche dieser Sanitäter wagten selbst lebensrettende Amputationen. Überdies organisierten sie heimlich Blutspendenaktionen, beschafften unter Inkaufnahme großer persönlicher Risiken den für die Ruhrkranken so wichtigen schwarzen Tee aus SS-Beständen oder schmuggelten mit Unterstützung von Außenkontakten dringend benötigte Arzneimittel in das Lager hinein.

In den letzten Kriegsjahren kamen Mittel zur medizinischen Versorgung dann nahezu ausschließlich über Privatpakete nach Sachsenhausen. Vor allem Sendungen an die norwegischen Inhaftierten halfen, wenigstens grundlegende Bedürfnisse an Medikamenten, Verbandsstoffen und Nahrungsmitteln zu decken.

Die meisten SS-Lagerärzte, die immerhin den hippokratischen Eid abgelegt hatten — unter dem sie zum größten Teil auch nach 1945 unbehelligt weiter praktizierten —, kümmerten sich um die Kranken nur wenig. Ihre „Hilfe" bestand zumeist darin, das Revier zu beaufsichtigen, Listen zu führen, Patienten auszusondern und in Vernichtungslager zu schicken sowie Hinrichtungen und Bestrafungen beizuwohnen oder Menschen für medizinische Versuche zu mißbrauchen. Ein Zeuge sagte später im Bonner Sachsenhausen-Prozeß über diese Lagerärzte aus:

„Im ganzen standen 2-3 SS-Ärzte zur Verfügung, die sich kaum um die Häftlingskranken und die Mißhandelten kümmerten. Die Reviere waren ständig überfüllt..."

Aus: Dam und Giordano, *KZ-Verbrechen vor deutschen Gerichten*, a.a.O., S. 174 f.

Im ersten Sachsenhausen-Prozeß von 1947 erklärte der SS-Mediziner Dr. Heinz Baumkötter zu seiner Tätigkeit im KZ Sachsenhausen:

Staatsanwalt: „Welche Funktionen übten sie in Sachsenhausen aus?"
Dr. Baumkötter: „Ich hatte bei den Exekutionen, bei den Bestrafungen auf dem Bock, bei Erschießungen, Erhängungen und Vergasungen entweder persönlich

anwesend zu sein oder mußte einen Vertreter stellen. Außerdem hatte ich die Listen über kranke oder arbeitsunfähige Häftlinge, die in andere Lager überwiesen werden sollten, aufzustellen. Und schließlich hatte ich befohlene Experimente durchzuführen..."

Staatsanwalt: „... Also, Baumkötter, sagen Sie, wieviel Häftlinge wurden auf Grund Ihrer Befehle, Ihrer Anweisungen in andere Lager zur Vernichtung verschickt?"

Dr. Baumkötter (nach längerem Besinnen): „Auf Grund meiner Angaben mögen rund 8 000 Häftlinge abtransportiert worden sein."

Aus: Schnabel, *Macht ohne Moral*, a.a.O., S. 178 ff.

Die Lagerärzte standen den kranken Häftlingen also nicht bei, wie ihr Beruf es von ihnen verlangt hätte, sondern sie gingen mit den Gefangenen ebenso brutal, grausam und unmenschlich um wie die SS-Aufseher. So machte sich der Lagerarzt SS-Untersturmführer Dr. Ehrsam — von den Häftlingen hinter vorgehaltener Hand nur Dr. Grausam genannt — einen besonderen „Spaß" daraus, die schwerkranken Patienten selbst im eisigen Winter morgens um sechs Uhr früh auf dem Appellplatz zu untersuchen, wo sie während der gesamten Untersuchungsdauer auch noch stramme Haltung anzunehmen hatten. Ebenso menschenverachtend waren seine „Behandlungsmethoden": Für Gefangene mit festgestellter Lungenentzündung ordnete er zum Beispiel das sogenannte „Torstehen" an — was bedeutete, daß der Kranke den ganzen Tag lang, manchmal sogar unbekleidet, unbeweglich vor dem Lagertor zu stehen hatte, wo der Wind besonders eisig blies. In den meisten Fällen kam dies einem Todesurteil gleich.

Auch sonst waren die Lagerärzte bei der medizinischen Behandlung keineswegs um das Wohl der Häftlingspatienten besorgt. So wurde selbst bei geringfügigen Verletzungen oft gleich das ganze Körperteil amputiert — ohne Betäubung. Und in mancher Hinsicht übertrafen die Lagerärzte das SS-Bewachungspersonal noch an Grausamkeit, indem sie etwa Versuche durchführten, bei denen zahlreiche Menschen auf bestialische Weise verstümmelt oder getötet wurden. Vor allem jüdische, russische und polnische Gefangene sowie Angehörige der Roma und Sinti, die in den Augen der SS als „minderwertig" galten, wurden zu derartigen Experimenten als „Häftlingsmaterial" herangezogen. Die Testpersonen wurden dabei wie wesenlose Objekte mißbraucht, denen man in unvorstellbarer Grausamkeit beliebig Schmerzen und Qualen bereitete, wenn es die Versuche nach Auffassung der SS-Mediziner erforderten — „Forschung" ohne Mitleid und moralische Grenzen. Im Bonner Sachsenhausen-Prozeß sagte eine ehemaliger Häftling dazu aus:

„Es gab Versuche an kranken Häftlingen... Ihnen wurden Gaskampfstoffe in den Oberarm injiziert. Das Glied war oft bis auf den Knochen verbrannt, die Muskulatur schwer beschädigt. Ober- und Unterschenkel wurden aufgeschnitten und Schmutz in die Wunde gestreut, um die Wirkung zu beobachten. Viele starben davon an Wundbrand, anderen mußten Unterarme und Hände abgenommen werden."

Aus: Dam und Giordano, *KZ-Verbrechen vor deutschen Gerichten*, a.a.O., S. 175.

Unsägliches Leid wurde auf diese Weise Menschen im Namen der Wissenschaft von den SS-Medizinern zugefügt: Manchen Gefangenen wurden am ganzen Körper Verbrennungen schwersten Grades beigebracht, um Brandsalben zu testen. Andere mußten auf eine Ampulle mit Zyankali beißen, damit die Ärzte die genaue Sterbezeit messen konnten. Wieder andere wurden der Wirkung von Granaten, Geschossen und tödlichen Gasen, wie etwa Senfgas, ausgesetzt, um militärische Kampfmittel zu erproben. Russische Kriegsgefangene wurden mit vergifteten Kugeln beschossen, um die „Wirksamkeit" dieser Waffen zu testen. Anderen Lagerinsassen rieben die SS-Mediziner flüssige Kampfgase direkt auf die Haut, um den Sterbeverlauf ihrer Opfer zu studieren. Neue Medikamente wurden geprüft, indem die Ärzte gesunde Häftlinge mit Krankheitserregern infizierten und dann — meist erfolglose — Gegenmittel verabreichten, um ihren Einfluß auf den Krankheitsverlauf beobachten zu können.

Selbst vor Kindern machte der unmenschliche Forschungsdrang der SS-Mediziner nicht halt: So ließ Dr. Baumkötter im Sommer 1943 zwölf Jungen im Alter zwischen acht und vierzehn Jahren aus dem Vernichtungslager Auschwitz nach Sachsenhausen bringen und spritzte ihnen dann täglich Injektionen, die gefährliche Krankheiten, vor allem Gelbsucht, auslösten. Keines der Kinder überlebte.

Auch sogenannte Sulfonamid- und Phlegmone-Versuche, bei denen die körperlichen Qualen oft monatelang andauerten, wurden von SS-Medizinern in Sachsenhausen in größerem Umfang durchgeführt. Die Ärzte schnitten dafür die Ober- und Unterschenkelmuskeln der Testpersonen auf und nähten Stroh oder schmutzige Lappen in die entstehenden Wunden ein, um Entzündungen hervorzurufen. An den sich rasch bildenden eitrigen Geschwüren wurden dann — ungeachtet der Martern, denen man die Menschen damit aussetzte — neue chemische Mittel ausprobiert. Als Dr. Baumkötter im ersten Sachsenhausen-Prozeß 1947 zu seinen Aufgaben als Lagerarzt befragt wurde, faßte er auch zusammen, welche Menschenversuche im „Krankenbau" durchgeführt worden waren:

Dr. Baumkötter: „„... Besonders gefürchtet waren die in Sachsenhausen durchgeführten Experimente zur Erforschung der Phlegmone."
Staatsanwalt: „Baumkötter, ist Ihnen bekannt, worin die Experimente mit Phlegmonen bestanden?"
Dr. Baumkötter: „... es wurden Schnitte in die Oberschenkel der dazu bestimmten Häftlinge gemacht, und diese Schnitte wurden mit alten Lumpen und verschmutztem Stroh ausgestopft. Das hatte die beabsichtigte Sepsis zur Folge, an der ein großer Teil der Menschen starb."
Staatsanwalt: „Wurden Experimente mit Zyankali durchgeführt?"
Dr. Baumkötter: „Jawohl! Es war Ende 1944 oder Anfang 1945, als der Sanitätsinspekteur der KZ-Lager, SS-Standartenführer Lolling, ins Lager kam. Vorher war ein Häftling zu einem besonderen Versuch ausgesucht worden. Ich mußte mit dem Sanitätschef zum Krematorium gehen. Auf dem Wege zog Lolling aus seinem Feuerzeug eine kleine Ampulle, 1 ccm Inhalt, diese wurde dem Häftling in den Mund gelegt, und er mußte zubeißen. Nach wenigen Minuten war der Mann tot."
Staatsanwalt: „Nach welcher Zeit trat der Tod ein?"
Dr. Baumkötter: „Ich stellte fest, daß der Tod bereits nach 15 Sekunden eingetreten war."
Staatsanwalt: „Zu welchem Zweck wurde dieses Experiment überhaupt durchgeführt? Die Einwirkung von Zyankali auf den menschlichen Organismus ist doch längst bekannt?"
Dr. Baumkötter: „Mit diesem Experiment sollte nur festgestellt werden, in welcher Zeit die eingegebene Dosis auf den Menschen tödlich wirkt. Wie ich weiß, wurde dieses Experiment auf Befehl Pohls durchgeführt, um ein Mittel zu finden, welches den hohen SS-Führern nach dem Fehlschlag dieses Krieges es ermöglichen sollte, sich schmerzlos und in kürzester Zeit ihrer Verantwortung zu entziehen ..."
Aus: Schnabel, *Macht ohne Moral*, a.a.O., S. 179.

Auch Zeugenaussagen vieler ehemaliger Häftlinge belegen eindringlich, wie solche Menschenversuche abliefen. So gab einer der Zeugen zu Protokoll:

„Im Sommer 1943, als ich den Operationsraum aufräumte, kamen der leitende Arzt des Lagerreviers Schmitz und ... ein Häftling herein. Bald darauf erschienen im Operationssaal einige Sanitäter und brachten einen Häftling mit. Sie legten ihn auf einen Operationstisch, betäubten ihn, und der leitende Arzt Schmitz schritt zur Operation. Er machte einen Längsschnitt an dem völlig gesunden Oberschenkel und legte auf die Wunde Tuchfetzen, die mit Stroh gemischt waren... Ich ging auf den Korridor hinaus und sah, daß noch fünf Häftlinge ... auf den SS-Arzt Schmitz warteten. Unter ihnen waren Russen und Polen. Später erfuhr ich von den Sanitätern, daß an diesem Tag alle sechs Häftlinge ‚operiert' wurden. Nach den Operationen schwollen ... die Beine an und wurden blau... Der Arzt versuchte die Kranken mit irgendeinem offensichtlich nicht entdeckten Mittel zu kurieren, jedoch ergebnislos. Die meisten ‚operierten' Häftlinge starben."
Zit. nach: *Sachsenhausen. Dokumente...*, a.a.O., S. 7.

Die meisten der Gefangenen, die solchen Versuchen unterworfen wurden, starben einen qualvollen Tod. Wer überlebte, blieb für allezeit ein gezeichneter Krüppel. Dabei ging der menschenverachtende Zynismus der SS-Ärzte in Sachsenhausen so weit, daß die Mediziner untereinander regelrechte „Wettbewerbe" durchführten, wer pro Tag die meisten Häftlinge „schaffte", das heißt kastrierte oder sterilisierte. Darüber hinaus betrachteten sie bestimmte Häftlinge gar als „Sammlerobjekte": Lagerinsassen mit außergewöhnlichen körperlichen Merkmalen, wie Knochenverformungen oder Gliederabnormitäten, hatten deshalb von vornherein nur geringe Überlebenschancen. Sie wurden mittels einer Injektion einfach ermordet, um dann als anatomische Sammler- und Anschauungsobjekte zu dienen. Der ehemalige Lagerälteste Harry Naujoks berichtete über einen derartigen Fall:

„Ein anderer, auch über zwei Meter großer Mann hatte eine ungewöhnliche Rückgratverkrümmung. Das erweckte das Interesse der SS-Ärzte, und es dauerte nicht lange, dann hatten sie sein Skelett in der Anatomie zur Ansicht ausgestellt."
Aus: Naujoks, *Mein Leben im KZ Sachsenhausen 1936-1942*, a.a.O., S. 81.

Nicht anders erging es Häftlingen, die interessante Tätowierungen aufwiesen. Manche der SS-Männer verfügten bald über eine umfangreiche Sammlung präparierter, außergewöhnlich gezeichneter Menschenhaut.

Die SS-Mediziner trafen im Lager Sachsenhausen ebenfalls eine Auswahl, welche Inhaftierten ihnen als geistig oder körperlich „minderwertig" erschienen — und machten sich damit zu Herren über Leben und Tod. So wurden zum Beispiel im Juni 1941 im Rahmen einer solchen „Euthanasie-Aktion" — unter dem Decknamen „Transport S" — 269 Häftlinge von Sachsenhausen ins Lager Sonnenschein gebracht und dort ermordet.

Peinlich genau sorgten die Mediziner auch dafür, daß die Leichen in einer für die SS nutzbringenden Art und Weise verwendet wurden. So wurden alle toten Häftlinge zunächst in einem dafür speziell vorgesehenen 230 qm großen Leichenkeller, der sich unterhalb des Krankenreviers befand, gelagert. Dort bestimmten die Ärzte dann, welche toten Körper noch einen „Gebrauchswert" haben könnten. Insbesondere wurde das Zahngold entfernt, das gemäß einer Anweisung Himmlers weiterverwendet werden sollte. Aber auch Schädel, Skelette und andere Leichenteile wurden aus dem KZ Sachsenhausen an Universitäten und anatomische Institute überstellt, um der Wissenschaft und Forschung zu „dienen". Viele dieser Stücke wurden selbst nach 1945 noch weiterverwandt.

Bedenkenlos stellten die SS-Truppenärzte außerdem die Totenscheine für die Menschen aus, die im KZ ermordet wurden. Ab 1942

> SS-Wirtschafts-Verwaltungshauptamt
> Fernsprecher: Ortsverkehr 76 52 61
> Fernverkehr 76 51 01
>
> Unter den Eichen 126—135
> Lichterfelde-West
> Berlin, 8. Oktober 1942
>
> Diktatzeichen:
> Chef A/Fr/B.
> Im Antwortschreiben unbedingt anzugeben!
> Tgb. Nr. 892/42 geh.
>
> **GEHEIM**
>
> Betr.: Zahngold
>
> An den
> Reichsführer-SS
> **Berlin**
>
> Reichsführer!
>
> Das von verstorbenen Schutzhäftlingen stammende Zahn-Bruchgold wird auf Ihren Befehl an das Sanitätsamt abgeliefert. Dort wird es für Zahnbehandlungszwecke unserer Männer verwendet.
>
> SS-Oberführer Blaschke verfügt bereits über einen Bestand von über 50 kg Gold, das ist der voraussichtliche Edelmetallbedarf für die nächsten 5 Jahre.
>
> Mehr Gold für diesen Zweck zu sammeln, halte ich sowohl aus Sicherheitsgründen als auch im Interesse der Verwertung nicht für angängig.
>
> Ich bitte um Bestätigung, daß das künftig aus den normalen Abgängen der KL anfallende Zahn-Bruchgold an die Reichsbank gegen Anerkennung abgeliefert werden darf.
>
> Heil Hitler!
> I. V.
> Frank
> SS-Brigadeführer
> und Generalmajor der Waffen-SS

Schreiben des SS-Wirtschafts-Verwaltungshauptamtes über die Ablieferung des Häftlings-Zahngoldes

gab es im Lager Sachsenhausen sogar ein eigenes Standesamt für die Ausstellung der Todesurkunden, das von einem SS-Mann geleitet wurde. Auf diese Weise umging die Kommandantur die Einbeziehung der Gemeindeverwaltung Oranienburg in Vorgänge, die sich im KZ abspielten. Unangenehme Fragen, vor allem hinsichtlich der hohen Todesraten, wurden dadurch vermieden. Neunzig Prozent der von den SS-Medizinern in den Akten angegebenen Todesursachen waren „Kreislaufstörungen", selbst wenn Lagerarzt Dr. Baumkötter den betreffenden Gefangenen unmittelbar zuvor selbst mit einer Zyankali-Kapsel getötet hatte. Im Bonner Sachsenhausen-Prozeß kam die bedenkenlose Art, in der die Ärzte die Morde noch durch die Ausstellung der Totenscheine deckten, zur Sprache. Einer der ehemaligen Häftlinge, der in den Leichenkellern arbeiten mußte, gab zu Protokoll:

„Ich mußte die Leichen ausziehen und in Kisten legen. Jede Leiche wurde seziert, die wahre Todesursache durfte jedoch meist nicht genannt werden. Stets hieß es: Lungenentzündung, Lungentuberkulose, Herzschwäche, Altersschwäche, Kreislaufstörung... Manchmal gab es soviel Tote, daß nicht seziert werden konnte... Die wirklichen Todesursachen waren: geplatzte Niere oder Leber, Schädelbrüche, Splitter im Gehirn, Blutgerinnsel im Gehirn. Der tägliche Durchschnitt waren 70 bis 80 Leichen, am meisten aus der Strafkompanie und dem Klinkerwerk. 30 bis 40 Leichen waren auf den ersten Blick an Mißhandlungen gestorben."
Aus: Dam und Giordano, *KZ-Verbrechen vor deutschen Gerichten*, a.a.O., S. 216.

Auch die Todesbenachrichtigung an die Angehörigen ließ zumeist nicht erkennen, woran der betreffende Häftling wirklich gestorben war. Die Verwandten der Verstorbenen und Ermordeten erhielten lediglich einen vorformulierten Standardbrief, der als Sterbeursache einen fadenscheinigen Grund — in der Regel „Herzversagen" oder „Blutkreislaufstörung" — nannte und die bereits erfolgte Einäscherung mitteilte. Verwandte, die auf die Asche des Verstorbenen noch besonderen Wert legten, konnten sich die Urne, die nicht mehr als eine schwarze Blechbüchse war, gegen Voreinsendung des Betrages von 2,50 Reichsmark zustellen lassen. Auch für den Fall, daß Angehörige nach Sachsenhausen kamen, um dem Toten die letzte Ehre zu erweisen, war die SS vorbereitet. Die Kommandantur hielt dafür einen speziellen Paradesarg bereit, der den Besuchern vorgeführt wurde und in dem sich angeblich der Leichnam des Toten befand, der vielleicht gerade wenige Tage zuvor von einem der Aufseher ermordet worden war. Wenn die Verwandten dann das Lager wieder verlassen hatten, wanderten Blumen und Kränze in die Müllgrube.

9. Strafen und Willkür

Schon die Verschleppung in ein Konzentrationslager stellte für die Betroffenen eine schwere Strafe dar. Sie bedeutete Isolation, Entrechtung und entwürdigende Behandlung. Doch der Lageralltag hielt noch weitere Bestrafungen bereit, die aufgrund ihrer Brutalität nicht selten zum Tode führten.

Offiziell sollten die Strafen — gemäß der Auffassung der SS — der Aufrechterhaltung der Disziplin im Lager dienen. Eine von der SS-Führung erlassene Lagerordnung schrieb genau vor, wie sich die

Häftlinge zu verhalten hatten. Verstöße sollten nach vorgegebenen Regeln geahndet werden. Wenn eine Strafe verhängt wurde, sollte darüber vom leitenden SS-Offizier jedesmal ein sogenanntes „Prügelblatt" ausgefüllt werden, auf dem neben den Angaben zur Person des zu Bestrafenden auch der Grund für die Züchtigung und das Strafmaß zu verzeichnen waren. Körperliche Maßregelungen durften außerdem erst vorgenommen werden — so hieß es zumindest offiziell —, wenn sie von der vorgesetzten SS-Behörde genehmigt waren und eine Erklärung des Lagerarztes vorlag, daß der Häftling, an dem die Bestrafung vollzogen werden sollte, gesund sei.

Die Wirklichkeit sah allerdings ganz anders aus: Kaum einer der Gefangenen wurde nach diesen Grundsätzen behandelt. Die Lagerordnung, die den SS-Aufsehern als Rechtfertigung für die Bestrafungen diente und von ihnen entsprechend oft im Munde geführt wurde, war in Sachsenhausen nirgendwo ausgehängt und wurde von der SS völlig willkürlich gehandhabt. Wer einem der Bewacher in irgendeiner Weise auffiel — und sei es nur durch sein Gesicht oder seinen Körperbau, ein schiefes Lächeln oder den Diebstahl einer Mohrrübe, konnte dafür, wenn er Pech hatte, sadistisch mißhandelt werden. Selbst Tintenkleckse auf dem Briefpapier konnten zum Verhängnis werden und eine furchtbare Bestrafung nach sich ziehen. Im Bonner Sachsenhausen-Prozeß erinnerte sich ein ehemaliger Häftling, wie sein Kamerad Hans Zentara von SS-Blockführer Gustav Sorge in einem derartigen Fall bestraft wurde:

„Hans Zentara hatte, als er einen Brief schrieb, einen Klecks gemacht. Ich warnte ihn, diesen Brief so abzuliefern, aber er kümmerte sich nicht darum. Diesen Klecks nahm Sorge als Anlaß, Zentara einen Schlauch in den Mund zu stecken und das Wasser aufzudrehen, woran Zentara gestorben ist."

Aus: Dam und Giordano, *KZ-Verbrechen vor deutschen Gerichten*, a.a.O., S. 189.

Die Beliebigkeit und Unberechenbarkeit der Gründe für Bestrafungen in den Konzentrationslagern gehen aus einer beispielhaften Aufzählung Eugen Kogons hervor:

„Hände in den Hosentaschen bei Kälte, hochgeschlagener Kragen bei Regen und Wind, die geringfügigsten Kleidermängel wie Schmutzflecke, ein fehlender Knopf und kleinste Risse, nicht gründlich gesäuberte Schuhe bei fußhohem Schlamm..., zu blank geputzte Schuhe als Zeichen, daß man sich vor der Arbeit gedrückt habe, Verletzung der Grußpflicht, wozu auch sogenannte schlechte Haltung gerechnet wurde, Betreten des Blocks während der Arbeitszeit..., zu langes Austreten beim Arbeitskommando..., auch nur einmaliges Aufrichten derer, die in gebückter Haltung arbeiteten, Essen während der Arbeitszeit ... Es ist nicht möglich, die Anlässe, die von der SS zu Strafverfügungen benutzt worden sind, auch nur einigermaßen erschöpfend aufzuzählen."

Aus: Kogon, *Der SS-Staat*, a.a.O., S. 104 f.

Jeden der Häftlinge konnte es also jederzeit treffen — wobei es den SS-Aufsehern meist völlig gleichgültig war, ob der Gefangene sich wirklich etwas hatte zuschulden kommen lassen oder unschuldig war. Albert Christel bemerkte zu dieser Strafwillkür, die auch in Sachsenhausen herrschte und das Leben der Gefangenen tyrannisierte:

„Undurchsichtig und geheimnisvoll mögen zunächst ... alle jene Vorgänge sein, die mit dem Strafrapport zusammenhängen. Aber die Schleier lüften sich allmählich und zwar in dem Maße, in dem man sich selber abgewöhnt, Logik und Gerechtigkeit in ihnen aufzuspüren... Zwei Punkte sind es..., die das Lagerstrafwesen zu einer zermürbenden Geißel werden lassen. Der eine ist die Unsicherheit der Strafe, des Strafmaßes. Das gleiche Delikt kann einem einen einfachen, abendlichen Strafsport eintragen. Ebensogut kann man gleich an Ort und Stelle über den Bock kommen, man kann an den Pfahl müssen ... oder es geht ab zum Bunker, von wo man nach einer gewissen Zeit zerschlagen, zerschunden oder überzerrt in den Block zurückschleichen darf. Nicht wenig gefürchtet ... werden auch all jene Strafen von völligem Essensentzug auf ganz erhebliche Dauer... Welch einschneidende Bedeutung der Zufall der Strafzumessung für die Gesundheit, ja das Leben eines Häftlings haben kann, versteht sich demnach von selbst. Ich habe aber auch schon bemerkt, daß es nicht nur die schweren empfindlichen Strafen sind, die über das Wohl und Wehe entscheiden können. Bei dem körperlich bedenklichen schwachen Widerstandsvermögen, das uns allen zu eigen ist und bei dem angespannten, labilen Geistes- und Seelenzustand, dem wir ausnahmslos unterworfen sind, kann schon die kleinste Strafe bei einem Menschen jenen Knacks erzeugen, der ihn seelisch oder körperlich rettungslos abgleiten läßt."

Aus: Christel, *Apokalypse unserer Tage*, a.a.O., S. 103 f.

Bei den Bestrafungen war es somit letztlich unerheblich, ob der zu Bestrafende wirklich gegen die Lagerordnung verstoßen hatte. Jeder Gefangene konnte bestraft werden, wann immer es einem SS-Mann beliebte. So traf es oft Unschuldige:

„Es kann einem sogar geschehen, daß eine Meldung durchgegangen ist, die einen anderen betraf, aber deren Nummer verschrieben worden war, denn nicht der Name wird zur Meldung gebracht, sondern nur die Häftlingsnummer. Nicht der einzelne Mensch wird abgestraft, sondern eine Nummer... Das ist eines der offenen Geheimnisse, daß jede Lagerstrafe, jedes Vorgehen eines Block- oder Kommandoführers die Allgemeinheit treffen soll und auch trifft."

Aus: Christel, *Apokalypse unserer Tage*, a.a.O., S. 105.

Besonders brutale Aufseher sahen sich oft nicht einmal genötigt, ihre gewalttätigen Ausschreitungen gegen Häftlinge zu rechtfertigen. Der Sachsenhausener SS-Rapportführer Gustav Sorge, der wegen seiner Grausamkeit bei den Gefangenen besonders gefürchtet war, erklärte dazu 1947 im ersten Sachsenhausen-Prozeß:

Staatsanwalt: „Sind Ihre Aussagen richtig, daß Sie täglich Häftlinge verprügelt haben?"
Sorge: „Jawohl, die sind richtig."
Staatsanwalt: „Wenn ein Mensch gehustet hat, haben Sie ihn verprügelt?"
Sorge: „Jawohl, wenn ein Mann hustete oder ein unfreundliches Gesicht zeigte, habe ich ihn verprügelt."
Staatsanwalt: „Und wenn er munter war und ein freundliches Gesicht zeigte, haben Sie ihn dann auch verprügelt?"
Sorge: „Dann habe ich auch einen Grund gefunden, ihn zu prügeln."
Staatsanwalt: „Also, Sie haben Leute geprügelt, wenn sie unzufriedene Gesichter machten, wenn sie nicht munter waren, und auch, wenn sie munter waren?"
Sorge: „Jawohl, um Gründe zum Prügeln war ich nie verlegen."
Aus: Schnabel, *Macht ohne Moral*, a.a.O., S. 172.

Die meisten Bestrafungen wurden auf dem „Bock" vorgenommen, dem schon erwähnten hölzernen Schemel, auf dem die Gefangenen festgeschnallt wurden. Mit diesen Auspeitschungen hatte die SS in den Konzentrationslagern wieder jene Strafe eingeführt, die im 18. Jahrhundert von Friedrich dem Großen abgeschafft worden war. Die Strafe wurde mit einem Ochsenziemer vollzogen: 25, 50, 100 oder noch mehr Schläge auf das nackte Gesäß. Der Häftling, der so ausgepeitscht wurde, mußte laut mitzählen; verzählte er sich, begann die Prozedur von vorn. Ein ehemaliger Lagerinsasse von Sachsenhausen erinnerte sich:

„Keiner zählte länger als bis zwanzig. Dann ging das Zählen in ein gutturales Schreien, Lallen, Heulen und Brüllen über. Dann hörte auch dieses auf und man vernahm nur noch den zischenden Laut der auf den ohnmächtigen Körper niedersausenden Peitsche."
Aus: Weiß-Rüthel, *Nacht und Nebel*, a.a.O., S. 75.

Auch für die Mitgefangenen, die jeder Auspeitschung beiwohnen mußten, war diese Bestrafung eine seelische Qual. Sie wurden dabei vom SS-Blockführer beobachtet. Wer den Anblick des winselnden, blutenden Häftlings auf dem „Bock" nicht mehr ertrug und sich auch nur einen Moment lang abwandte, erhielt vom Aufseher den Befehl, den Kameraden selbst zu peitschen. Schlug er dann nicht brutal genug zu, lief er Gefahr, selbst verprügelt zu werden.

Das Auspeitschen war jedoch nicht die einzige Form der Bestrafung. Immer neue Methoden wurden von den SS-Männern erfunden, deren Phantasie in dieser Hinsicht keine Grenzen zu kennen schien. Besonders grausam war das „Strafstehen", das sowohl gegen einzelne als auch kollektiv gegen alle im Lager Inhaftierten verhängt werden konnte. Zu dieser Bestrafungsmethode gehörte unter anderem das „Torstehen" — Strafstehen neben dem Haupttor —, das oft mit zusätzlichen Quälereien einherging und nicht selten mit dem Tode des Delinquenten endete. Reinhard Henkys berichtet von dem Fall eines jungen Tschechen, der bei dieser Methode der Bestrafung in Sachsenhausen ums Leben kam:

„Im Winter 1941/42 ließ Schubert (SS-Blockführer in Sachsenhausen, Anm. d. Verf.) einen jungen tschechischen Häftling in Hemd und Unterhose barfüßig vom frühen Morgen an ‚Torstehen'. Am Nachmittag überschüttete Schubert mit anderen SS-Leuten den Mann mit mehreren Eimern Wasser. Abends lag er erfroren vor dem Lagertor."

Aus: Reinhard Henkys, *Die nationalsozialistischen Gewaltverbrechen. Geschichte und Gericht*. Mit einer Einleitung von Kurt Scharf, Vorsitzender des Rates der Evangelischen Kirche in Deutschland, und einem Beitrag von Jürgen Baumann, hrsg. von Dietrich Goldschmidt, Stuttgart und Berlin 1964, S. 57.

Auch der sogenannte „Zellenbau" war unter den Häftlingen berüchtigt: In diesem Lagergefängnis — einem eingeschossigen, bunkerähnlichen Gebäude — wurden Gefangene unter erschwerten Bedingungen in Einzelhaft gehalten. Dort mußten sie nicht selten wochenlang ohne Licht, bei minimalem Essen und Trinken, in winzigen Zellen unbeweglich stehen. Wer körperlich nicht zusammenbrach, konnte damit in den Wahnsinn getrieben werden. Hier wurde überdies gefoltert und gemordet: durch Dauerbäder, Hängen mit dem Kopf nach unten oder auf jede nur erdenkliche andere Weise. Kein Schrei drang durch die schalldicht isolierten Doppelwände nach draußen. Diejenigen, die die Gefangenschaft im „Bunker" überstanden, behielten meist tiefe körperliche und seelische Schäden zurück.

Eine andere Erfindung der SS war die „Stehzelle" auf dem Lagergelände: ein in die Erde eingelassener Raum, der so schmal war, daß ein Mensch in aufrechter Stellung gerade darin Platz fand. Durch ein über dem Kopf angebrachtes Gitter konnte der dort Eingesperrte von jedem Vorübergehenden gedemütigt und angespuckt werden. Da die Enge der Zelle keine Bewegung zuließ, hatte der Häftling nicht einmal die Möglichkeit, sich abzuwenden oder den Speichel abzuwischen, der ihm über das Gesicht lief.

Gemeinsames Strafstehen aller Lagerinsassen wurde vom SS-Lagerkommandanten angeordnet, wenn einem Häftling die Flucht gelungen war. Derartige Strafappelle konnten viele Stunden dauern, wie an einem Tag im Herbst 1940, von dem Arnold Weiß-Rüthel berichtet:

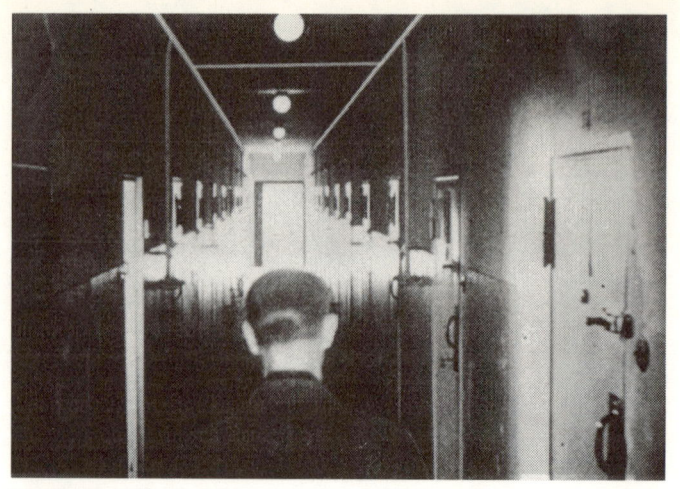

Der „Zellenbau"

„Zwölftausend Menschen ... standen an jenem Tag von morgens 5 Uhr bis nachts 11 Uhr, also insgesamt 18 Stunden, in Fünferreihen ausgerichtet, auf dem Appellplatz und warteten. Ohne die Möglichkeit auszutreten, ohne Essen und Trinken, ja ohne die Möglichkeit der uns sonst bei der Arbeit erwärmenden Bewegung, warteten wir Stunde um Stunde auf die erlösende Mitteilung, daß der Geflüchtete wieder ergriffen worden sei. Achtzehn Stunden dauerte das an jenem Tag. Wir standen, sahen die Sonne heraufkommen, sahen es Mittag werden, standen im kalten Nieselregen des herbstlichen Tages, in die Kühle und Kälte der Nacht hinein... Hunderte kippten — das heißt sie fielen um und mußten in den Krankenbau geschafft werden."

Aus: Weiß-Rüthel, *Nacht und Nebel*, a.a.O., S. 73 f.

Wurde der Flüchtige schließlich gefaßt, mußte er oftmals eine Mütze aus bunten Flicken aufsetzen und mit einer großen Trommel, die er pausenlos zu schlagen hatte, sowie dem Ruf „Hurra, ich bin schon wieder da! Hurra, ich bin schon wieder da!" durch das Lager laufen. Dann wurde er ausgepeitscht und erhielt Dunkelarrest bei Wasser und Brot.

Selbst Kranke und Arbeitsunfähige blieben von den Torturen der „Stehkommandos" nicht verschont. Während die anderen Häftlinge zur Arbeit geführt wurden, sperrte man sie häufig zu Hunderten in den ausgeräumten Schlafsaal einer unbelegten Baracke, wo sie den ganzen Tag über — eng aneinandergepreßt und ohne ein Wort sprechen zu dürfen — stehen mußten. Bis zu 1 500 Menschen wurden so zusammengepfercht. Um ihre Qualen noch zu vergrößern, wurden in der Hitze des Sommers alle Türen und Fenster verriegelt, so daß kaum

Luft zum Atmen blieb; im Winter dagegen mußten die Kranken und Schwachen bei weit geöffneten Fenstern aushalten. Auch bei dieser „Behandlungsmethode" entdeckte die SS noch Steigerungsmöglichkeiten, indem sie zum Beispiel bei brütender Sommerhitze achtzig kranke Häftlinge in den engen Raum einer Lagertoilette preßte und alle Türen und Fenster verriegelte, so daß binnen kurzer Zeit fast alle Gefangenen erstickten.

Andere Formen der Bestrafung — neben dem Auspeitschen und dem Strafstehen — waren die Abkommandierung zum Einsatz auf der „Schuhprüfstrecke" und die Zuweisung zur „Strafkolonne". Beide Kommandos waren unter den Häftlingen in Sachsenhausen besonders gefürchtet, weil sie einem sicheren Todesurteil gleichkamen. Die „Schuhprüfstrecke" befand sich auf dem Halbrund des Appellplatzes. Sie hatte eine Länge von 700 Metern und zeichnete sich durch unterschiedliche Bodenbeschaffenheiten aus. Häftlinge hatten auf diesem Terrain im Auftrag der „Gesellschaft für Wirtschaftsaufbau" Schuhe für die Wehrmacht durch Daueranwendung auf ihre Haltbarkeit zu testen. Zu diesem Zweck mußten Häftlingskolonnen von jeweils zwölf Mann etwa vierzig Kilometer täglich marschieren — immer unter der Last schwerer, mit Sand gefüllter Rucksäcke und bei völlig unzureichender Ernährung. Oft wurde das Schuhwerk darüber hinaus von den Aufsehern bewußt zu eng ausgewählt, so daß die Schmerzen für die Probanden bald unerträglich wurden. Im Bonner Sachsenhausen-Prozeß sagte ein Zeuge dazu aus:

„Wir mußten Schuhe von mehreren Pfunden anziehen, die mit eisernen Falten versehen waren, und ununterbrochen uns im Laufschritt im Kreise bewegen. Die SS, auf Rädern, schlug mit Knüppeln auf uns ein. Das ging ungefähr zwei Stunden so. Dann mußten wir uns hinlegen und wieder aufstehen, schließlich in die Kniebeugen gehen, wobei das Gesäß die Hacken nicht berühren durfte. Die Schmerzen waren unerträglich. Das Teuflische lag darin, daß wir uns selbst foltern mußten. Während dieser Kniebeuge mußten wir den ‚Sachsengruß' entbieten, nämlich die Hände im Nacken falten und auch noch hüpfen. Am Ende waren wir nicht mehr bei Sinnen. Wir schauten uns mit irren Augen an."

Aus: Dam und Giordano, *KZ-Verbrechen vor deutschen Gerichten*, a.a.O., S. 185.

Das Schritttempo und die Gewichte, die die Häftlinge zu tragen hatten, konnten von den SS-Männern beliebig erhöht werden, um die Gefangenen noch zusätzlich zu schikanieren. Kaum ein Gefangener überstand einen solchen Einsatz auf der „Schuhprüfstrecke" länger als eine Woche.

Auch die „Strafkolonne", die meist nur kurz „SK" genannt wurde, konnte zur tödlichen Qual werden. Dieser Sondereinheit wurden von

Ausweis

Der Häftling

Nr. 68 852 Helmut Tulatz   Block: 4

hat für Tragversuche und zu Prüfzwecken von der Schuhprüfstelle im K. L. Sh. leihweise erhalten

1 Paar   Standard-   Schuhe Nr. E 31

Die Schuhe bleiben in jedem Falle Eigentum der Schuhprüfstelle. Irgendwelche vorkommende größere oder kleinere Reparaturen dürfen nur von der Schuhprüfstelle durchgeführt werden.

K. L. Sh. den 5.10.44

Leiter der Schuhprüfstelle

Ausweis eines Häftlings im „Schuhläuferkommando" über den leihweisen Erhalt von Schuhen

der SS jene Häftlinge zugewiesen, deren Weiterleben nicht erwünscht war. Sie waren deshalb durch einen zusätzlichen schwarzen Punkt unterhalb ihres „Winkels" gekennzeichnet und dadurch für die Aufseher zum „Freiwild" erklärt. Diese Einheit war in Block 11 untergebracht, einer eigenen Baracke, die vom übrigen Lager durch einen hohen Zaun abgetrennt war. Für alle anderen Häftlinge galt strengstes Zutrittsverbot. Das Regiment in diesem Sonderbereich führte der berüchtigte SS-Oberscharführer Bugdalla, der früher Boxer gewesen war, und seine Fähigkeiten nun nutzte, um die ihm unterstellten Gefangenen zu prügeln und zu mißhandeln. Im Lager kursierte deshalb unter Häftlingen das Wort: „In die SK kommst du leicht, hinaus nur durch den Schornstein."

Die Arbeitseinsätze der SK wurden von einem Vorarbeiter mit Namen Felix kommandiert — "einer Bestie sondergleichen" in dieser „Separathölle" innerhalb der Hölle des KZ, wie es im Bericht eines überlebenden Häftlings heißt. Sie hatten

„... keinen anderen Zweck..., als Häftlinge, denen von der Gestapo eine besondere ‚Empfehlung' mit in das Lager gegeben worden war, verschwinden zu lassen. Hier wurden namentlich Juden ‚fertiggemacht', wie das im Lagerjargon lautete. An einer der schwierigsten Geländestellen des Klinkerwerks, in einem zähen Moor, das erbarmungslos jeden verschluckte, der hineingeriet, wurden diese Todgeweihten mit Drainagearbeiten beschäftigt, und zwar so lange beschäftigt, bis sie entweder freiwillig — weil von der Prügel ihres Vorarbeiters um den Verstand gebracht — oder

Schuhe, die von Häftlingen auf der „Schuhprüfstrecke" getestet wurden. Aus: Adolf Burger, a.a.O.

durch einen Fehltritt in das Verderben stürzten... Im Laufschritt mit schwer beladenen eisernen Schiebkarren, deren schmales Rad sich bis zur Nabe in den Morast eingrub, schufteten sich diese Unglücklichen in kürzester Frist zu Tode. Da es ihnen unmöglich war, die an sie gestellten Forderungen zu erfüllen, da diese einfach das Maß des Menschenmöglichen überstiegen, schlug der Vorarbeiter Felix mit beispielloser Brutalität auf sie ein, oft unterstützt von einem nicht minder grausamen Scharführer, bis sie zusammenbrachen, in eine Moorlache torkelten und erstickten... Es verging kein Tag, an dem nicht wenigstens fünf bis sechs Häftlinge auf diese Weise ums Leben gebracht wurden."

Aus: Weiß-Rüthel, *Nacht und Nebel*, a.a.O., S. 68 f.

Die Lagerstatistik der SS wies für den SK-Block sogar eine durchschnittliche Sterberate von zehn bis zwölf Mann pro Tag aus. Häufig kam es auch vor, daß andere SS-Blockführer dem Leiter der Strafkolonne einen Gefangenen mit der Bemerkung übergaben, daß sie den Betreffenden nicht wiederzusehen wünschten — ein Wunsch, der von Bugdalla in der Regel erfüllt wurde.

Auch Folterungen zur Erpressung von Geständnissen waren in Sachsenhausen an der Tagesordnung. Dazu gehörte zum Beispiel das gefürchtete „Pfahlhängen", bei dem das Opfer mit auf dem Rücken zusammengebundenen Händen, durch die eine eiserne Kette gezogen war, von einem SS-Mann zu einem hölzernen Pfahl geführt wurde, den

„Hängepfähle" am „Zellenbau"

der betreffende Häftling vorher selbst in den Boden hatte rammen müssen. Der Gefangene mußte sich dann auf einen Stuhl stellen, und die Kette wurde an dem Pfahl befestigt, wobei die gefesselten Arme nach hinten gezogen wurden. Dann riß der SS-Mann den Stuhl mit einem plötzlichen Ruck fort, so daß der Gefolterte unter großen Schmerzen nach unten sackte. In dieser Lage ließ man den Unglücklichen oft stundenlang hängen. Im Bonner Sachsenhausen-Prozeß beschrieb einer der ehemaligen Lagergefangenen, der vom „Eisernen Gustav" durch „Pfahlhängen" gemartert wurde, die Folgen, die dies für ihn gehabt hatte:

„Sorge hat mich sieben Stunden am Pfahl hängen lassen. Ich hatte keine Kraft mehr in den Armen, die Muskeln sind mir weggerissen worden... Nach dem Hängen kam ich in den Bunker. Hände und Arme waren mir unbeweglich. Ich habe wie ein Hund vom Teller auf der Erde essen müssen — fünf Tage lang... Meine Arme waren zehn Monate völlig unbrauchbar."

Aus: Dam und Giordano, *KZ-Verbrechen vor deutschen Gerichten*, a.a.O., S. 188.

Manche SS-Aufseher machten sich ein „Vergnügen" daraus, die Qualen des „Pfahlhängens" noch durch zusätzliche Maßnahmen zu vergrößern, wie einer der ehemaligen Gefangenen berichtete:

„Da gibt es vom ersten Augenblick an für jede Phase der Prozedur eine ganze Reihe von kleinen Kniffen, die dem Opfer die Hölle heiß machen können. Das fängt an mit ruckweisem Aufziehen, findet seine Fortsetzung im Wiederherunterlassen und erneutem Aufholen; dann kann man den hängenden Körper ein wenig in Schwingung versetzen, man kann ihn mit Zusatzgewichten von zwei, fünf oder zehn Kilo beschweren und auch dann wieder schaukeln lassen, ja man kann dem Hängenden sogar Hunde an die Waden springen lassen. All das ist schon dagewesen und manch einer der Verhörenden versteht es mit dieser Klaviatur teuflischer Kleinigkeiten meisterhaft umzugehen."

Aus: Christel, *Apokalypse unserer Tage*, a.a.O., S. 98 f.

Gefoltert wurde jedoch vor allem im bereits erwähnten „Zellenbau", der 1937 errichtet wurde und in dem grausame Zustände herrschten. Für manche der hier in Einzelhaft gehaltenen Gefangenen wurden die Qualen der Mißhandlungen durch die Bewacher schließlich so unerträglich, daß sie den Freitod wählten. Der Leiter des „Zellenbaus", Kurt Eccarius, wurde dazu im Prozeß von 1947 im Lagergefängnis befragt:

Staatsanwalt: „Stimmt es, daß die Bedingungen im Zellenbau so unmenschlich waren, daß sich Häftlinge freiwillig das Leben nahmen, weil sie die Strafen nicht ertragen konnten?"
Eccarius: „Jawohl, 20 bis 25 haben im Zellenbau Selbstmord verübt."

Aus: Schnabel, *Macht ohne Moral*, a.a.O., S. 176.

Welche Grausamkeiten den Gefangenen in der Isolation des „Zellenbaus" im einzelnen zugefügt wurden, läßt sich heute kaum noch in allen Einzelheiten ermitteln, da die meisten Häftlinge nicht überlebten. Durch Zeugenaussagen und Erlebnisberichte ist jedoch immerhin bekannt geworden, daß Gefangene von den SS-Aufsehern nicht nur bis aufs Blut geschlagen und getreten, sondern auch mit eiskaltem oder siedend heißem Wasser übergossen, mit eisernen Ketten an der Wand aufgehängt oder bis zur Bewegungsunfähigkeit an Heizkörpern „krummgeschlossen" wurden. Andere Inhaftierte wurden je nach Lust und Laune der Bewacher nackt oder in voller Häftlingskleidung, oft mit Mantel, unter die kalte Dusche gestellt und mußten dort viele Stunden, zitternd vor Kälte, ausharren. Eine andere Foltermethode der Aufseher bestand darin, Decken und Strohsack des Opfers mit Wasser zu durchtränken und ihn dann zu zwingen, Tag und Nacht darauf liegenzubleiben. Geradezu zur Routine im Lagergefängnis gehörte es, daß Häftlinge im Winter bei abgedrehter Heizung nackt und ohne eine wärmende Decke auf dem Betonfußboden ihrer Zelle schlafen mußten, wobei ihr Tod durch Erfrieren von den SS-Männern bewußt einkalkuliert wurde.

Aber auch außerhalb des „Zellenbaus" fanden sich für die SS hinreichend Möglichkeiten, Gefangene zu bestrafen. Dabei diente vieles in erster Linie der „Unterhaltung" der Aufseher — etwa wenn jüdische Häftlinge im Lager mit Schildern herumlaufen mußten, auf denen sie sich verschiedenster Taten bezichtigten, und somit jedem vorübergehenden SS-Mann Anlaß für Mißhandlungen boten. Oft wurde auch die sogenannte „Lagerordnung" als Fallstrick benutzt, indem die Bewacher Gefangene in für sie unauflösliche Widersprüche stürzten, die in jedem Fall eine Strafe zur Folge hatten. Ein Beipiel dafür war der Befehl eines SS-Offiziers an einen von ihm zur Bestrafung vorgesehenen Häftling, die SS-Kasernen zu säubern. Da das Betreten dieser Blocks für die Gefangenen streng untersagt war, ergab sich für den Häftling eine ausweglose Lage: Betrat er den SS-Bereich, verstieß er gegen die Lagerordnung; lehnte er es ab, der Anweisung zu folgen, machte er sich der Befehlsverweigerung schuldig. In beiden Fällen war eine körperliche Züchtigung als Strafe die unausweichliche Konsequenz.

Eine andere, noch teuflischere Variante, die den Häftling praktisch zum „Selbstmord" zwang, bestand darin, daß ein SS-Mann einem Gefangenen die Mütze vom Kopf riß, sie über die Postenkette auf den Todesstreifen warf, wo ohne Vorwarnung sofort geschossen wurde, und dann den betreffenden Gefangenen höhnisch aufforderte, seine Kopfbedeckung unverzüglich zurückzuholen. Denn damit war ein „Todesurteil" gefällt: Der Häftling hatte nur die Wahl, sich auf dem Todesstreifen erschießen zu lassen oder wegen sogenannter Gehorsamsverweigerung oder gar „versuchter Meuterei" zum Tode verurteilt zu werden. Der SS-Offizier von Becker — unter den Lagerinsassen heimlich nur „Schweine-Becker" genannt — tat sich bei diesem „Spiel" besonders hervor, dessen Ablauf von Albert Christel im einzelnen geschildert wurde:

„Der Kommandoführer winkt sich..., sei es ohne ersichtlichen Grund, sei es vielleicht auch in denkbar willkürlichem Zusammenhang mit irgendeinem beliebigen Vorgang, einen Häftling heran, der ihm gerade aufzufallen das Unglück hat. Er mustert ihn. Böse verkriechen sich die Augen des Schinders in enge Falten. Dann herrscht dieser ihn an: ‚Drecksau! Wie du wieder aussiehst!' Hat der erschrockene Häftling vergessen, seine Mütze herunterzureißen, wie es die Vorschrift will, so nimmt der Blockführer diese mit spitzen Fingern vom Kopf des Unseligen; vergaß er es trotz seines Schreckens nicht, so heißt es: ‚Zeig mal deinen Speckdeckel her!' und er nimmt die Mütze mit der gleichen Bewegung, so als ob ihn das Ding anekele. Weiter gehts: ‚Pfui Teufel! Ist das schmierig! Morgen meldest du dich bei mir mitsamt gewaschener Mütze! Verstanden!' Mit lässiger, angewiderter Bewegung kriegt die Mütze einen Schwung verpaßt, so daß sie, wie zufällig, ein ganzes Stück über die Postenkette wegfliegt. Darauf aber achtet der Erschrockene nicht; was morgen sein wird, kommt ihm erst recht nicht in den Sinn; froh, so billigen Kaufes von dem bösen Handel gekommen zu sein, stürzt er der davongleitenden Mütze nach und über die Schußlinie hinaus. Dann knallt es, und in der Todesmeldung heißt es nur: ‚Auf der Flucht erschossen.'"

Aus: Christel, *Apokalypse unserer Tage*, a.a.O., S. 183 f.

Die Leichname dieser Unglücklichen wurden von der Kommandantur oftmals tagelang rechts und links vom Eingangstor liegengelassen und mit einem großen Schild vor der Brust versehen, auf dem zu lesen stand, daß dies die Strafe für Fluchtversuche sei.

Eine weitere Methode der Aufseher, ihnen unliebsame Häftlinge zu töten, wurde bei Alarmübungen praktiziert. Wenn die Sirenen im Lager aufheulten, mußten sich die Häftlinge laut Anweisung mit dem Gesicht nach unten auf die Erde legen. Ein Hochsehen während des Probealarms war streng verboten. SS-Männer gingen dann durch die Baracken und nahmen nach Belieben Erschießungen vor, indem sie einfach Häftlingen den Revolver an den Kopf setzten und sie unter dem Vorwand töteten, daß der betreffende Gefangene aufgesehen habe. Anschließend pflegten einige besonders brutale Bewacher noch nachzuprüfen, ob die Erschossenen wirklich tot waren, indem sie ihnen mit ihren Nagelschuhen ins Gesicht traten.

Die „Strafen" im Konzentrationslager waren also in Wirklichkeit nichts anderes als brutale Mißhandlungen bzw. ausgeklügelte, der makabren Phantasie der SS-Männer entsprungene Methoden zur Quälerei und zur Ermordung unschuldiger Häftlinge. Von Gerechtigkeit oder auch nur von einer wie immer gearteten Systematik der Bestrafungen konnte dabei nicht die Rede sein. Das KZ war somit die konsequenteste Form des nationalsozialistischen Unrechtsstaates. Hier herrschte die völlige Strafwillkür der mit „Herrenmenschengefühl aufgeladenen SS-Männer" (Eberhard Aleff) gegenüber den ihnen auf Gedeih und Verderb ausgelieferten Gefangenen.

10. Tod und Vernichtung

Anders als die Todeslager, die — wie etwa in Auschwitz — zu dem Zweck errichtet worden waren, Millionen von Menschen fabrikmäßig zu ermorden, stellte das KZ Sachsenhausen seiner Bestimmung nach kein Vernichtungs-, sondern ein Konzentrationslager dar. Dennoch kamen auch in Sachsenhausen über 100 000 der mehr als 200 000 hierher verschleppten Häftlinge ums Leben. Tod und Vernichtung waren demzufolge an der Tagesordnung. Der ehemalige Sachsenhausener Häftling Emil Ackermann bemerkte dazu:

„... (Was) bedeutete der Tod eines Lagerinsassen für die KZ-Leitung und die Wachmannschaften anderes, als daß eine Nummer zu streichen war, eine Nummer von den vielen der Lagerkartei."

Aus: *Niemand und nichts vergessen*, a.a.O., S. 32.

Ein Menschenleben galt den Aufsehern also nicht viel. Wie sie mit den Gefangenen umgingen, belegen zahlreiche Erlebnisschilderungen. So berichtete ein früherer Häftling:

„Vor einiger Zeit kam ein Gefangenentransport ins Lager. Er wurde wie üblich gezählt und mußte sich auf den Appellplatz innerhalb des Haupteingangs aufstellen. Die Zahl stimmte nicht. Es waren zwei Mann zuviel. Es wurde nochmals gezählt, bis endgültig festgestellt war, daß der Transport zwei Mann zuviel hatte. Diese beiden Männer wurden außerhalb des Eingangsgebäudes aufgestellt. Dort blieben sie den Rest des Tages stehen, ohne daß sich irgend jemand um sie kümmerte. Dann kam der Abendappell und wieder wurde gezählt. Die beiden Männer waren wieder zuviel. Da brachten einige Revolverschüsse aus einem Fenster des Eingangsgebäudes die Rechnung zum Stimmen. Jetzt war die Zahl wieder richtig. Die beiden wurden weggebracht..."

Aus: Nansen, *Von Tag zu Tag*, a.a.O., S. 69 f.

Die SS-Aufseher konnten sich demzufolge praktisch nach Belieben zu Herren über Leben und Tod aufschwingen. Viele Häftlinge kamen auf diese Weise ums Leben. Beispiele dafür gab es nahezu jeden Tag: Menschen wurden zu Tode getreten und geschlagen oder mußten so lange „Sport" treiben, bis die Schwächeren unter ihnen tot zusammenbrachen. Im Bonner Sachsenhausen-Prozeß schilderte ein überlebendes Opfer, wie die SS-Männer derartige „Sportveranstaltungen" durchführten:

„(Nach) der Einlieferung der ersten Gruppe mußten alle Häftlinge nach dem Abendessen sofort den Appellplatz verlassen. Nunmehr wurden die jüdischen Häftlinge aus ihren Blocks gejagt. Eine Anzahl SS-Unterführer ... trieben daraufhin etwa eine Stunde lang mit den jüdischen Häftlingen ‚Sport'. Bei diesem bis zur körperlichen und seelischen Erschöpfung dauernden Hin- und Hergehetze, Marschieren, Dauerlauf, Hüpfen, Rollen, Robben schlugen die SS-Unterführer mit Knüppeln und Ochsenziemern wahllos insbesondere auf die Häftlinge ein, die den Anstrengungen nicht mehr gewachsen waren. Das war naturgemäß bei vielen älteren Häftlingen der Fall. Nach Beendigung der Aktion blieben zahlreiche Häftlinge tot liegen. Die toten und schwerverletzten Häftlinge wurden von den dazu befohlenen Häftlingen zum Revier abtransportiert. Von den schwerverletzten Häftlingen verstarben kurze Zeit darauf weitere."

Aus: Albrecht Götz, *Bilanz der Verfolgung von NS-Straftaten*, Köln 1986, S. 108.

Planmäßige Tötungen ganzer Häftlingsgruppen oder Hinrichtungen fanden in Sachsenhausen jedoch zunächst nicht statt. Bis Kriegsbeginn waren Unterernährung, Erschöpfung, Krankheit und willkürliche Ausschreitungen von SS-Männern die häufigsten Todesursachen. Dennoch betrug die durchschnittliche Sterberate in den ersten drei Jahren — laut Lagerstatistik der SS — bereits etwa 30 Menschen pro Tag. Im September 1939 wurde dann die erste Hinrichtung im Lager vollzogen — entsprechend einer SS-Exekutionsanordnung, die unter Umgehung der ordentlichen Rechtsprechung erlassen worden war. In den Akten der Gestapo findet sich dazu das folgende Fernschreiben Himmlers:

„An den
Chef der Sicherheitspolizei SS-Gruf. Heydrich
Anordne Erschießung des Kommunisten Heinen noch heute abend im KZ-Lager Sachsenhausen.
Vollzugsmeldung an mich.
gez. Himmler."

Zit. nach: Tuchel und Schattenfroh, *Zentrale des Terrors*, a.a.O., S. 131.

Heinen wurde erst unmittelbar vor der Hinrichtung von der Geheimen Staatspolizei in Dessau im Einzeltransport nach Sachsenhausen überstellt, wo er am späten Abend, gegen 23.20 Uhr, eintraf. Alles mußte sehr schnell gehen. Einer der SS-Führer eröffnete dem Verurteilten kurz, daß er wegen sogenannter „Sabotage am Verteidigungswillen des Deutschen Volkes" nach Ablauf einer Stunde erschossen werde. Der Adjutant des Lagerkommandanten von Sachsenhausen, Rudolf Höß, der später selbst Kommandant des Vernichtungslagers Auschwitz werden sollte, führte die Exekution durch. In seinen Memoiren schrieb er darüber:

„In der Sandgrube auf dem Industriehof wurde schnell ein Pfahl eingegraben. Und schon kamen auch die Wagen angefahren. Der Kommandant bedeutete dem Verurteilten, daß er sich an den Pfahl zu stellen hätte. Ich führte ihn hin. Ruhig stellte er sich bereit. Ich trat zurück und gab den Feuerbefehl — er sank in sich zusammen und ich gab ihm den Fangschuß. Der Arzt stellte drei Herzdurchschüsse fest."

Aus: Rudolf Höß, *Kommandant in Auschwitz*, S. 71 ff., zit. nach: Tuchel und Schattenfroh, *Zentrale des Terrors*, a.a.O., S. 132 f.

Die Kommandantur überstellte die Leiche dann zur Verbrennung an ein Berliner Krematorium. Nach diesem Vorfall gehörten derartige Hinrichtungen bald zum Lageralltag. Und nicht nur Gefangene aus anderen Lagern wurden in Sachsenhausen exekutiert. Auch die Häftlinge im eigenen Lager waren davon bedroht: Schon wer einem jüdischen Häftling half oder eine unliebsame Bemerkung gegenüber einem der

SS-Aufseher machte, mußte damit rechnen, zum Tode „verurteilt" zu werden. „Auf Befehl des Reichsführers-SS..." lautete dann die Ankündigung des Lagerkommandanten, bevor die Exekution — meist durch den Strang — vor den Augen der zum Appell angetretenen Gefangenen vollstreckt wurde. Durch den öffentlichen Vollzug der Hinrichtungen sollten die Lagerinsassen abgeschreckt und eingeschüchtert werden. Um diese Wirkung noch zu erhöhen, hatten die SS-Aufseher den Galgen auf dem Appellplatz mit einem zusätzlichen Mechanismus versehen: Die Füße der Todeskandidaten wurden in einem Kasten festgeklemmt, so daß das Opfer nicht durch Genickbruch rasch getötet, sondern sein Körper unter grausamen Qualen langsam auseinandergezogen wurde, bis der Tod schließlich eintrat. Eine solche Exekution war auch für diejenigen, die ihr nur als Zuschauer beiwohnen mußten, eine kaum erträgliche Prozedur.

Abschreckung wurde jedoch auf vielfältige Weise praktiziert. Über einen Fall, in dem die SS zunächst Gefangene, die einen Fluchtversuch unternommen hatten, erschoß und dann die Toten öffentlich zur Schau stellte, um die Mithäftlinge vor eigenen Fluchtversuchen zu warnen, berichtete Willi Bierhals aus seiner Zeit als Häftling in Sachsenhausen:

„Es war an einem kalten und regnerischen Tag im September. Beim Appell fehlten zwei Polen, und wir mußten aus dem gleichen Grund acht bis zehn Stunden auf dem Appellplatz stehen. Zur gleichen Zeit hatte eine Dachdeckerfirma die Kommandantur frisch gedeckt und geteert. Dabei hatte man zwei leere Teerfässer direkt am Hochspannungsdraht stehen lassen. Ein SS-Mann nahm den Deckel ab, und siehe da: in jedem Faß hatte sich ein Pole versteckt. Beide wurden auf der Stelle erschossen und mit einem Nagel durch den Hals auf einem Brett festgenagelt. Das ganze Lager mußte dann an den beiden Kameraden vorbeimarschieren."

Aus: *Niemand und nichts vergessen*, a.a.O., S. 14.

Selbst kleine Fehltritte wurden von Fall zu Fall mit Hinrichtung bestraft. So wurde im Sommer 1944 ein junger holländischer Häftling, der während seines Arbeitseinsatzes versehentlich einen Kolben beschädigt hatte, wegen „Sabotage" am Galgen erhängt. Ein anderer Gefangener, der sich heimlich aus einer Satteltasche Schuhsohlen gefertigt hatte, um nicht mehr barfuß laufen zu müssen, wurde ebenfalls erhängt, nachdem er zuvor noch 50 Stockhiebe erhalten hatte.

Die Exekutionen waren somit ein Mittel der Lagerleitung, die Häftlinge durch zusätzlichen Druck zu disziplinieren und dem Willen der Aufseher zu unterwerfen. Jeder Gefangene wußte genau — und wurde durch den Galgen auf dem Appellplatz ständig daran erinnert —, daß auch noch so geringfügige Vergehen zur Hinrichtung führen konnten.

In Sachsenhausen wurden aber nicht nur Einzelpersonen, sondern auch ganze Gruppen von Häftlingen ermordet oder hingerichtet — selbst wenn sie mit den Ereignissen, für die sie ihr Leben lassen mußten, persönlich nicht das Geringste zu tun gehabt hatten. So wurden zum Beispiel Häftlinge, die als wehrdienstverweigernde Sektenangehörige („Bibelforscher") in das Lager gebracht worden waren, von der SS aufgefordert, Kriegsdienst zu leisten. Weigerte sich auch nur einer von ihnen, der Aufforderung zu folgen, ließ der Lagerkommandant sofort zehn erschießen. In einem anderen Fall wurden 27 inhaftierte Holländer von der SS hingerichtet, um die Tötung eines deutschen Offiziers in den Niederlanden zu „sühnen". Und als im Mai 1942 in der Tschechoslowakei ein Attentat auf Reinhard Heydrich, den Chef des Reichssicherheitshauptamtes und Stellvertretenden Reichsprotektors von Böhmen und Mähren, verübt wurde, mußten dafür im KZ Sachsenhausen 250 jüdische Bürger sterben, die aus „Vergeltung" von der SS erschossen bzw. vergast wurden.

Durch die seit 1939 ständig steigende Zahl von Ermordungen und Hinrichtungen waren die Kellerräume der pathologischen Abteilung in Sachsenhausen bald mit Leichen überfüllt. Beinahe täglich kamen Hunderte von Leichnamen dazu. Die SS-Lagerführung sah sich dadurch vor erhebliche Probleme gestellt. Denn gemäß einer Anweisung Himmlers durften tote KZ-Häftlinge „nicht in deutscher Erde ruhen". Für die sterblichen Überreste der Häftlinge hatte der Reichsführer-SS vielmehr die Verbrennung angeordnet. Die Leichen der in Sachsenhausen ums Leben gekommenen Menschen waren deshalb auf Befehl des Lagerkommandanten zunächst im Berliner Krematorium am Baumschulenweg eingeäschert worden. Durch die sprunghafte Zunahme an Toten ergaben sich jedoch wachsende Transportschwierigkeiten — zumal die Überstellung der Leichen nach Berlin möglichst unbemerkt von der Bevölkerung abgewickelt werden sollte. Die Sachsenhausener SS-Führung entschloß sich daher Anfang 1940 zur Errichtung einer lagereigenen Vernichtungsanlage. Sie erhielt die Bezeichnung „Station Z". Mit der Wahl des letzten Buchstabens im Alphabet sollte unmißverständlich deutlich gemacht werden, daß es sich hier um die „Endstation" für die Gefangenen handelte.

Bereits im April 1940 wurde der erste Krematoriumsofen in einem eigens dafür errichteten Steingebäude in Betrieb genommen, das von einer zusätzlichen Mauer umgeben war und vom Gefangenenbereich aus nicht eingesehen werden konnte und von den Häftlingen normalerweise auch nicht betreten werden durfte. Doch schon ein Jahr später reichte die „Vernichtungskapazität" der Station nicht mehr aus, die

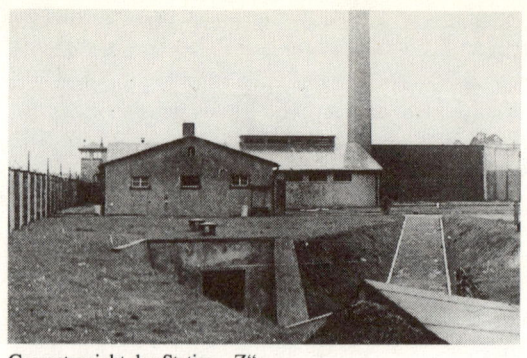

Gesamtansicht der Station „Z"

deshalb im August 1941 zunächst um drei fahrbare Öfen erweitert wurde, ehe die „Zentralbauleitung der Waffen-SS" im Dezember 1941 der Bauleitung Oranienburg den Befehl zum großzügigen Ausbau der „Station Z" — wie die Bauwerksbezeichnung auch offiziell lautete — erteilte. Dieser Ausbau war im Frühjahr 1942 abgeschlossen. Die Anlage umfaßte jetzt den Genickschußkomplex, einen Erschießungsgraben mit Kugelfang und überdachtem Schützenstand sowie den Galgen und das Krematorium mit den vier Verbrennungsöfen. Für die SS war dies ein Grund zum Feiern: In Anwesenheit hoher SS-Offiziere wurde die vergrößerte „Station Z" am 28. Mai 1942 mit der Hinrichtung von 250 jüdischen Häftlingen, von denen 154 eigens für diesen Zweck nach Sachsenhausen gebracht worden waren, „feierlich in Betrieb genommen".

Der grauschwarze, süßlich riechende Rauch, der nun Tag und Nacht aus dem Schornstein des Krematoriums quoll, war schon von weitem zu sehen und zog bei Nordostwind auch über das ganze Städtchen Oranienburg.

Sachsenhausen hatte jedoch schon 1941 teilweise den Charakter eines Vernichtungslagers angenommen, als die ersten Transporte russischer Kriegsgefangener eintrafen. Die sowjetischen Soldaten, die nach Sachsenhausen gebracht wurden, sollten entsprechend dem sogenannten „Kommissarbefehl" Hitlers vom Juli 1941 sofort oder innerhalb der nächsten Wochen erschossen werden. Die erste Ermordungsaktion der SS in Sachsenhausen erfolgte dann bereits im September 1941. SS-Blockführer Gustav Sorge gab dazu im Bonner Sachsenhausen-Prozeß zu Protokoll:

„Der erste Transport kam noch im September 1941 nach Sachsenhausen mit der Eisenbahn. Schon in den Zügen gab es Tote. Die Gefangenen wurden am Bahnhof von der SS übernommen. Karteimäßig sind diese Gefangenen nie erfaßt worden. Sie mußten im Fußmarsch ins Lager, wurden dann auf LKW verfrachtet und in den Industriehof gebracht. Dort wurden sie nach dem Appell, abends und nachts, erschossen... In einer Nacht wurden etwa 3 000 Russen getötet. Vier Öfen verbrannten die Leichen. Die Asche kam in geschlossenen Kisten zum Baumschulenweg in Berlin. Die Erschießungen dauerten rund 6 bis 7 Wochen."

Aus: Dam und Giordano, *KZ-Verbrechen vor deutschen Gerichten*, a.a.O., S. 226.

Tausende von russischen Häftlingen wurden allein im KZ Sachsenhausen innerhalb kürzester Zeit ermordet. Die sowjetischen Soldaten waren nach Ansicht der SS dabei nichts weiter als minderwertige „Untermenschen". Entsprechend schlecht wurden sie — selbst für Sachsenhausener Lagerverhältnisse — behandelt, ehe die SS begann, sie systematisch umzubringen. Die Mordaktionen an den sowjetischen Kriegsgefangenen waren jedoch kein Willkürakt der Lagerleitung, sondern eine planmäßig vorbereitete Massentötung. SS-Offizier Schubert, der an den Ermordungen selbst beteiligt war, antwortete später im Bonner Prozeß auf die Frage des Staatsanwaltes, auf wessen Befehl hin die Aktion durchgeführt wurde:

„Die Sache ist streng geheim gewesen, der Befehl kam vom Oberkommando der Wehrmacht. Für die Aktion standen 6 Räume zur Verfügung, mit der Leichenkammer."

Aus: Dam und Giordano, *KZ-Verbrechen vor deutschen Gerichten*, a.a.O., S. 226 f.

Die meisten der sowjetischen Soldaten wurden aber nicht vergast, sondern in der Genickschußanlage des Lagers ermordet. Schon vor der Ankunft der Kriegsgefangenen hatte die SS eine Unterkunftsbaracke auf dem Gelände der „Station Z" zu einer Mordstätte umgebaut und die Schußanlagen installiert. Die Tötung lief nach einem festgelegten Schema ab: Die zumeist ahnungslosen Opfer wurden zunächst in den als ärztliches Untersuchungszimmer getarnten Raum geführt, in dem SS-Männer in weißen Kitteln den Eindruck zu vermitteln suchten, es handele sich lediglich um eine gesundheitliche Untersuchung. In Wirklichkeit bestand die einzige Aufgabe des anwesenden SS-Lagerarztes jedoch darin, festzustellen, ob die Gefangenen Goldzähne besaßen, die man nach vollzogener Exekution entfernen konnte. War dies bei einem Gefangenen der Fall, wurde er mit Ölfarbe oder Kreide gekennzeichnet. Dr. Baumkötter, der als Mediziner bei vielen dieser Exekutionen anwesend war, mußte sich dazu 1947 im Sachsenhausen-Prozeß verantworten:

Staatsanwalt: „Haben Sie auch Häftlinge, die zur Massenerschießung in den als Arztzimmer getarnten Erschießungsraum gebracht wurden, untersucht?"
Dr. Baumkötter: „Jawohl. Ich habe solche Häftlinge daraufhin untersucht, ob in ih-

ren Mundhöhlen Metallzähne, Gold, Platin oder andere künstliche Zähne vorhanden waren."

Staatsanwalt: „Geschah dies ausschließlich zu diesem Zweck?"

Dr. Baumkötter: „Heute ist mir erst klar, was ich seinerzeit nicht wußte, daß die Häftlinge durch eine solche Scheinuntersuchung über die wahren Absichten getäuscht werden sollten. Deshalb war die Untersuchung ja auch auf die Mundhöhle beschränkt. Aber das fiel mir seinerzeit nicht auf."

Staatsanwalt: „Waren Sie seinerzeit wirklich so naiv, daß es ihnen nicht bewußt wurde, daß der Häftling, den Sie untersuchten, bereits drei Minuten später ein toter Mann war."

Dr. Baumkötter (zögernd): „Ja, sicher mußte ich feststellen, daß die Häftlinge kurz darauf erschossen wurden."

Staatsanwalt: „Wozu bedurfte es dann der Untersuchung eines Menschen, der wenige Minuten später erschossen werden sollte?"

Dr. Baumkötter: „Wie schon gesagt, um die Mundhöhle zu untersuchen. Wenn künstliche Zähne vorhanden waren, mußte der betreffende Häftling mit Ölfarbe und Pinsel, welche auf dem Tisch bereitstanden, besonders gezeichnet werden."

Staatsanwalt: „Und es ist Ihnen wirklich nicht klar geworden, daß die Untersuchung nur deswegen stattfand, um nach der Erschießung zu wissen, wo Goldzähne zu finden sind?"

Dr. Baumkötter: „Heute weiß ich es."

Staatsanwalt: „Und wozu war die Musik im Nebenzimmer?"

Dr. Baumkötter: „Es war eine Marschmusik eingeschaltet, damit die nachfolgenden Häftlinge den Schuß, mit dem der vorhergehende getötet wurde, nicht hörten."

Staatsanwalt: „Woher wissen Sie das?"

Dr. Baumkötter: „Das habe ich seinerzeit erfahren."

Staatsanwalt: „Das haben Sie seinerzeit erfahren! Warum sagen Sie dann, Sie hätten nicht gewußt, daß Häftlinge erschossen wurden!?"

Aus: Schnabel, *Macht ohne Moral*, a.a.O., S. 180.

Tatsächlich wußten — wie das Gerichtsverfahren ergab — alle anwesenden SS-Angehörigen und auch die Lagerärzte genau, was mit den russischen Soldaten geschehen würde. So wurden die noch ahnungslosen Opfer nach der ärztlichen „Untersuchung" in den benachbarten Sanitätsraum geführt, wo sie sich — scheinbar zum Ablesen der Körpergröße — vor eine Meßlatte zu stellen hatten. Durch ein in der Wand hinter der Meßlatte befindliches Loch wurden sie dann von einem SS-Mann, der im Nebenraum saß, durch Genickschuß getötet. Eventuelle Blutspuren wurden durch einen im Boden eingelassenen Gully fortgespült.

Die SS-Offiziere Schubert, Knittler, Ficker, Sorge und Hempel erklärten dem Staatsanwalt im Prozeß in allen Einzelheiten, wie sie die Ermordungen der sowjetischen Soldaten durchführten:

Staatsanwalt: „Haben Sie an diesen Erschießungen teilgenommen?"

Schubert: „Selbstverständlich habe ich daran teilgenommen."

Staatsanwalt: „Hat Ficker daran teilgenommen?"
Schubert: „Jawohl, Blockführer Ficker hat auch teilgenommen."
Staatsanwalt: „Worin bestand die Beteiligung?"
Schubert: „Die Beteiligung bestand darin: Ich habe gesehen, wie Ficker Häftlinge aus dem Lager heranführte, wie er in dem Raum im Erschießungsblock stand, sich im Warteraum und im getarnten Arztraum aufhielt, und ich habe ihn auch im Schützenraum, wo die Schüsse abgegeben wurden, gesehen."
Staatsanwalt: „Und wer hat die Gefangenen in das sogenannte Arztzimmer eingewiesen?"
Schubert: „5 000 habe ich persönlich eingewiesen."
Staatsanwalt: „Also bei 5 000 waren Sie persönlich beteiligt?"
Schubert: „Jawohl, da war ich persönlich beteiligt."
Staatsanwalt: „Und Sie haben die Funktion eines Arztes ausgeübt?"
Schubert: „Jawohl, getarnter Arzt war ich."
Staatsanwalt: „Worin bestand die Tätigkeit, als Sie im Arztraum mit Ihrem weißen Kittel saßen?"
Schubert: „Ich hatte in der rechten Hand einen Spachtel und in der linken Hand ein Stück Kreide. Wenn ein Kriegsgefangener Goldzähne oder andere künstliche Zähne hatte, machte ich ihm ein Kreuz auf die Brust."
Staatsanwalt: „Haben Sie auch selbst geschossen?"
Schubert: „Jawohl, 636 russische Kriegsgefangene habe ich persönlich mit eigener Hand umgelegt..."

Staatsanwalt: „Wer exekutierte die sowjetischen Kriegsgefangenen?"
Knittler: „Ich war selbst dabei."
Staatsanwalt: „Bei wie vielen?"
Knittler: „Bei 2 500."
Staatsanwalt: „Welchen Posten hatten Sie damals im Lager inne?"
Knittler: „Ich war Blockführer für die Kriegsgefangenen."
Staatsanwalt: „Wieviele haben Sie persönlich erschossen?"
Knittler: „Ich habe fünfzig und einen Verwundeten erschossen..."

Staatsanwalt: „Waren Sie an den Erschießungen der sowjetischen Kriegsfangenen beteiligt?"
Ficker: „Ich war fünf- oder sechsmal beteiligt."
Staatsanwalt: „Wieviele wurden in dieser Zeit erschossen?"
Ficker: „2 000 bis 4 000..."

Staatsanwalt: „Wann begannen Sie sich an der Erschießung von russischen Kriegsgefangenen zu beteiligen?"
Hempel: „Anfang September 1941."
Staatsanwalt: „Wieviele wurden bei diesen ersten Malen nach Ihrer Schätzung erschossen?"
Hempel: „Das erste Mal schätzungsweise 400 Mann."
Staatsanwalt: „Von wem wurden die Kriegsgefangenen bei diesen Erschießungen nach dem Erschießungsplatz gebracht?"
Hempel: „Von mir selber..."

Zit. nach: Fritz Sigl, *Todeslager Sachsenhausen. Ein Dokumentarbericht vom Sachsenhausen-Prozeß*, Berlin (Ost) 1948, S. 105 ff.

Sowjetische Kriegsgefangene im KZ Sachsenhausen

Während der Erschießungen erklang aus einem Lautsprecher dröhnende Marschmusik, damit die Wartenden keinen Verdacht schöpften. Sobald die Hinrichtung vollzogen und der Tote fortgeschafft war, leuchtete im benachbarten „Untersuchungszimmer" eine Lampe auf, die signalisierte, daß nun der nächste Gefangene hereingeführt werden könne. Alles war perfekt organisiert. Die Tötungen liefen genau nach Zeitplan ab, wie SS-Blockführer Horst Hempel im Prozeß 1947 erklärte:

„Das Erschießungsverfahren ist von den SS-Leuten in allen Details ausgearbeitet worden und sah vor, daß für die Ermordung eines Menschen nur eine Kugel verbraucht wurde und daß die Aktion nicht mehr als 1 bis 1 1/2 Minuten dauern durfte."
Zit. nach: Sigl, *Todeslager Sachsenhausen*, a.a.O., S. 22.

Selbst die Verbrennungen der Ermordeten waren präzise durchgeplant. Bereits am zweiten Tag der Tötungsaktionen setzte der für das Krematorium verantwortliche SS-Offizier Häftlinge ein, die im Laufschritt die Leichname der Erschossenen in die Leichenhalle transportieren mußten. Denjenigen Opfern, die von den SS-Ärzten mit Ölfarbe gekennzeichnet worden waren, wurden dort zunächst der Zahnersatz oder eventuelle Goldzähne herausgebrochen. Anschließend wurden die Leichen zu fahrbaren Verbrennungsöfen geschafft, die auf einem Platz vor der Leichenhalle standen, der von einem vier Meter hohen Bretterzaun umgeben war. Dort wurden die Leichen dann von Häftlingen aus dem Zellenbau, die zum „Kommando Krematorium" abkommandiert worden waren, unter Aufsicht der SS verbrannt.

Die Genickschußanlage im KZ Sachsenhausen galt unter den Kommandanten der Konzentrationslager im gesamten Deutschen Reich als „vorbildlich". Noch 1941 reisten deshalb die Leiter aller Lager an, um die Vorrichtung zu besichtigen. Mit sichtlichem Stolz führte der Kommandant von Sachsenhausen ihnen vor, wie zeitsparend und effektiv russische „Untermenschen" und andere — nach Auffassung der Nationalsozialisten — "unerwünschte Elemente" ohne großen Aufwand liquidiert werden konnten.

Wieviele Kriegsgefangene in dieser Anlage ermordet wurden, läßt sich heute nicht mehr exakt ermitteln — zumal nach Abbruch der Aktion alle Akten darüber von der SS vernichtet wurden. Im Bonner Sachsenhausen-Prozeß ging das Schwurgericht deshalb von den Einlassungen der Angeklagten aus, wonach am Tag etwa 250-300 Russen getötet worden waren. Diese Annahme stützte sich auf die Tatsache, daß die fahrbaren Krematorien nur diese Anzahl an Leichnamen täglich verbrennen konnten. Die Gesamtzahl der Mordopfer wurde von den angeklagten SS-Aufsehern während des Prozesses auf 10000 beziffert. Andere Schätzungen — etwa von Häftlingen, die in der Verbrennungsanlage arbeiten mußten — sprachen hingegen von 13 000 - 18 000 sowjetischen Gefangenen, die hier umgebracht worden sein sollten.

Die an den Tötungsmaßnahmen beteiligten SS-Männer wurden für ihren Dienst in der Genickschußanlage noch speziell „belohnt". Sie erhielten besseres Essen und Sonderzuteilungen von Bier und Schnaps sowie Sonderurlaub auf Staatskosten im sonnigen Italien — auf Capri. Viele — so hieß es im Bonner Sachsenhausen-Prozeß — seien auf ihre Untaten sogar ausgesprochen stolz gewesen:

„Der Angeklagte Sch rühmte sich besonders seines Tatbeitrages. So bezeichnete er nach der Bekundung des Zeugen H einen Blockführer beim Appell als ‚Waschlappen', weil dieser nicht soviel Russen wie er — Sch — erschossen hatte. Er sagte ferner bei einer anderen Gelegenheit in Gegenwart des Zeugen N beim Abmarsch der Blockführer zur Erschießungsbaracke: ‚Heute hole ich mir dies da', wobei er einen Daumen unter den Rockaufschlag schob und auf das Kriegsverdienstkreuz anspielte."

Zit. nach: Götz, *Bilanz der Verfolgung von NS-Straftaten*, a.a.O., S. 107.

Die Tötungsmöglichkeiten, die in Sachsenhausen bestanden — Galgen, Erschießungsgraben und „Arztzimmer" —, reichten nach Auffassung der Lagerleitung und der übergeordneten SS-Führung jedoch nicht aus, um allen Anforderungen gerecht zu werden. Neue, noch „effektivere" Tötungsmethoden wurden gesucht. Bereits im Herbst 1941 führten Mediziner und Chemiker deshalb im Auftrag der SS erste Experimente durch, bei denen Menschen durch Vergasung ermordet wurden. Dazu trieb man jeweils dreißig bis sechzig Kriegsgefangene auf die luftdicht verriegelte Ladefläche eines speziell präparierten Lastwagens und leitete anschließend die Auspuffgase durch einen Schlauch in das Innere des Lkw's, so daß die dort befindlichen Häftlinge innerhalb weniger Minuten qualvoll erstickten. Einer der Chemiker, der an den „Probevergasungen" im KZ Sachsenhausen beteiligt war, schilderte später, wie er diesen Vorgang miterlebt hatte:

„Aus den Baracken kam eine größere Gruppe von nackten Männern heraus, die in den LKW einsteigen mußten... Sie hatten offenbar keine Ahnung, was mit ihnen passieren sollte... Es ist mir auch noch gesagt worden, die Leute, die in den Wagen gestiegen seien, seien Russen und hätten sonst erschossen werden müssen. Man wollte sehen, ob man sie auf andere Weise töten könne... Ich erinnere mich noch, daß man durch ein Guckloch oder durch eine Scheibe in den Wagen hineinsehen konnte, der erleuchtet war. Dann wurde der Wagen geöffnet. Einige Leichen fielen heraus, die anderen wurden von Häftlingen ausgeladen. Die Leichen hatten, wie von uns Chemikern festgestellt wurde, das rosarote Aussehen, wie es für Menschen typisch ist, die an einer Kohlenoxydgasvergiftung gestorben sind."
Aus: *Nationalsozialistische Massentötungen durch Giftgas. Eine Dokumentation*, hrsg. von Eugen Kogon u.a., Frankfurt am Main 1983, S. 83 f.

Die Erfahrungen, die im Herbst 1941 mit solchen „Todesautos" — nicht nur in Sachsenhausen, sondern auch in Auschwitz und anderen Konzentrations- und Vernichtungslagern — gesammelt worden waren, veranlaßten die SS-Führung 1942 zu dem Schluß, daß Vergasungen noch besser als Erhängungen und Erschießungen „geeignet" seien, Massentötungen in größtmöglichem Umfang innerhalb kürzester Zeit vorzunehmen. Der Sachsenhausener Lagerkommandant Kaindl ordnete deshalb an, die „Station Z" um eine Gaskammer zu erweitern. Sie wurde 1943 in Massivbauweise errichtet und als Baderaum getarnt. Sie enthielt eine mechanische Vorrichtung — einen sogenannten Druckventilator — zur Öffnung der Gasbehälter, der sich an der Außenwand der Gaskammer befand und in den der Gasbehälter hineingestellt und mechanisch geöffnet wurde. Der Ventilator trieb dann das Gas durch das heizbare Rohrsystem in die Gaskammer, in der sich die Opfer befanden. Die SS-Leute brauchten daher in Sachsenhausen — im Gegensatz zu anderen Lagern — keine Gasmasken, so daß die Menschen, die hier hineingeführt wurden, bis zum Schluß ahnungslos waren, was mit ihnen wirklich geschah. Manche brachten sich sogar ein unter Schwierigkeiten erworbenes Stückchen Seife mit, weil sie meinten, sich nun endlich wieder einmal richtig waschen zu können. Wenn sie dann nackt unter der vermeintlichen Dusche standen, wurden die Türen von außen verriegelt, und das tödlich wirkende Blausäuregas strömte ein.

Auf den Totenscheinen dieser Menschen wurde dann nur vermerkt, daß sie eines „natürlichen Todes" gestorben seien, wie der Lagerarzt Dr. Baumkötter später im Prozeß zugab:

Gerichtsvorsitzender: „In Ihren Aussagen in der Voruntersuchung haben Sie angegeben, daß in jedem Fall von Ihnen eine Erklärung über normalen Tod abgegeben wurde. Bestätigen Sie diese Aussage?"
Dr. Baumkötter: „Ich habe Befehl gehabt, für vernichtete Häftlinge den Totenschein auf normalen Tod auszustellen."
Richter: „Was für Todesursachen haben Sie angegeben?"
Dr. Baumkötter: „Natürlichen Tod..."

Aus: Schnabel, *Macht ohne Moral*, a.a.O., S. 182.

Wieviele Menschen im Lager Sachsenhausen von der SS ermordet wurden, läßt sich heute nicht mehr genau feststellen. Zwar wurden die Inhaftierten bis 1939 in der Schreibstube recht präzise registriert. Während des Krieges wurden dann aber längst nicht mehr alle eingelieferten Gefangenen in den Unterlagen und Statistiken der SS erfaßt. Vor allem sowjetische Soldaten und Offiziere wurde meist ohne Registrierung sofort in die Vernichtungsanlage geführt. Und für Tausende anderer Häftlinge, in erster Linie jüdische Bürger, war das KZ Sachsenhausen nur eine Zwischenstation auf ihrem Weg in die Todeslager.

Doch es blieben Spuren: Wagenladungen von Männer-, Frauen- und Kinderbekleidung, Berge von Menschenhaar, Hunderttausende von Schuhen in allen Größen — Zeugnisse des Schreckens, die nach der Befreiung Sachsenhausens 1945 entdeckt wurden. Zwei Gruben, die man in der Nähe des Krematoriums freilegte, enthielten 27 Kubikmeter Menschenknochen und Menschenasche, die nach Schätzungen von Gutachtern die sterblichen Überreste von mehr als 80 000 Häftlingen darstellten, denen das KZ Sachsenhausen zum Verhängnis geworden war.

11. Paul Sakowski — der Henker von Sachsenhausen

Das Grauen und die Grausamkeit im Lager waren nicht anonym. Sie hatten Gesichter und Namen. Denn es waren Menschen, die die Häftlinge schlugen, mißhandelten, quälten, töteten und vergasten und die Leichenberge verbrannten. Einer von ihnen war Paul Sakowski — der Henker von Sachsenhausen. Er hängte die Gefangenen an den „Pfahl", renkte ihnen die Arme aus, nahm Auspeitschungen vor, folterte auf Befehl der SS im „Zellenbau" und beteiligte sich an den Erschießungen russischer Kriegsgefangener. Sakowski war es auch, der die Exekutionen am Galgen durchführte und die „Vernichtungsarbeit" in der „Station Z" leistete. Er stapelte die Leichname in den dafür vorgesehenen Kammern, zog den Toten die Goldzähne heraus und schob täglich Hunderte von Leichen in die Krematoriumsöfen, um sie dem Feuer zu übergeben.

Wer war dieser Paul Sakowski? In einem 1946 von UFA-Kameramännern im Auftrage des sowjetischen Militärtribunals gedrehten Dokumentarfilm „Todeslager Sachsenhausen" wie auch ein Jahr später im Sachsenhausen-Prozeß gegen die Hauptschuldigen kam er selbst zu Wort. Im Film berichtete er über die von ihm verrichtete „Vernichtungsarbeit" und schilderte, wie er sich an der Ermordung und Verbrennung von mehr als 25 000 Häftlingen beteiligt hatte: wie er die zur Vergasung bestimmten, arglosen Menschen in die als Duschräume getarnten Gaskammern gebracht, die Türen verriegelt und schließlich die tödlichen Blausäurepatronen eingesetzt hatte, wie er die Todgeweihten in den Gaskammern röcheln gehört hatte und wie die Menschen eines langsamen, qualvollen Erstickungstodes gestorben waren.

Nüchtern und sachlich gab Sakowski den sowjetischen Offizieren, die ihn zur Aufnahme des Films auf das ehemalige KZ-Gelände begleiteten, Auskunft über die in Sachsenhausen vorhandenen „Kapazitäten" der Massentötung und die Zahl der Personen, die er pro Tag bei der Einäscherung in den Krematoriumsöfen „geschafft" hatte. Nur einmal, so erzählte Sakowski, habe er geglaubt, es nicht mehr aushalten zu können: als ein vermeintlich Lebloser, dem er wie üblich vor dem Verbrennen die Goldzähne hatte herausreißen wollen, zu schreien begonnen hatte. Da hätten sich ihm die Schrecknisse seiner Arbeit ins Bewußtsein gedrängt. Sonst aber sei ihm keine Zeit geblieben, innezuhalten und über das Grauen nachzudenken, das ihn überall umgeben und an dem er schließlich auch selbst mitgewirkt habe.

Mobile Krematoriumsöfen

Sakowski wirkt in dem Film wie ein ganz normaler, eher schüchtern-unbeholfener und sympathischer Mensch. Es fällt schwer, sich vorzustellen, daß er alle diese Untaten wirklich begangen haben soll. Wer also war dieser Paul Sakowski tatsächlich? Wie wurde er zum Lagerhenker von Sachsenhausen? Und welche Motive trieben ihn zu seinen Taten?

Fragen, die einer Erklärung bedürfen. Denn Paul Sakowski war kein SS-Mann, auch kein überzeugter, fanatischer Nazi, kein sadistischer Unmensch. Im Gegenteil: Seine Lebensgeschichte hatte zunächst eine ganz andere Entwicklung nahegelegt. Als gerade Siebzehnjähriger war er 1936 in Richtung Spanien aufgebrochen, um auf seiten der Republikaner gegen das faschistische Franco-Regime zu kämpfen — ein junger, politisch engagierter Idealist, der zwischen „gut" und „böse" nach humanistischen Begriffen zu unterscheiden verstand und sich vorgenommen hatte, seinen eigenen, kleinen Beitrag zu leisten, um dem Guten — oder dem, was er dafür hielt — zum Sieg zu verhelfen.

An der deutsch-französischen Grenze hatte sein Leben dann eine erste verhängnisvolle Wendung genommen: Sakowski wurde verhaftet, von einem deutschen Gericht zu einer Gefängnisstrafe verurteilt und nach Verbüßung der Haft nicht wieder freigelassen, sondern als politischer Gefangener in das KZ Sachsenhausen überstellt. 1939 traf er im Lager ein und arbeitete zunächst in der Lagerschreibstube, ehe er dem berüchtigten Außenkommando Klinkerwerk zugeteilt wurde, wo die Vorarbeiter ein besonders grausames Regiment führten.

Hier, im Klinkerwerk, war nun die zweite, entscheidende Wendung im Leben des Paul Sakowski eingetreten: Als einer der Vorarbeiter „zum Spaß" jüdische Gefangene bis zum Hals hatte eingraben lassen, hatte Sakowski ihn wegen dieser Gemeinheit niedergeschlagen — eine Kurzschlußhandlung, die ihn teuer zu stehen kommen sollte: Er wurde wegen sogenannter „Meuterei" in den gefürchteten „Zellenbau" gesperrt, wo er im „strengen Arrest" einsitzen mußte. Das hieß: völlige Dunkelheit, minimale Essensrationen und völlige Isolation von der Außenwelt und den Kameraden. Wer hier festgehalten wurde, wußte, daß es kaum noch Hoffnung auf Entlassung oder Verbesserung der eigenen Lage gab.

Doch nach endlosen, zermürbenden Wochen der Einzelhaft öffnete sich überraschend Sakowskis Zellentür. Mehrere SS-Männer kamen herein, brachten den Gefangenen in die Kommandantur und begannen, ihm seltsame Fragen zu stellen: Wie er besonders gemeine Verbrechen ahnden würde? Ob er unter bestimmten Umständen einen Menschen töten könne? Was er mit einem Vergewaltiger tun würde?

Sakowski war zunächst ratlos, was die Aufseher im Schilde führten. Schließlich rückte einer von ihnen mit der eigentlichen Absicht heraus und unterbreitete dem jungen Mann ein verlockendes Angebot: völlige Aufhebung der Arreststrafe, bessere Versorgung mit Lebensmitteln, kleine zusätzliche Vergünstigungen — vorausgesetzt, daß Sakowski die Position des Lagerhenkers übernahm. Sakowski überlegte nicht lange. Dies war seine einzige Chance, wieder lebend und einigermaßen wohlbehalten aus dem „Zellenbau" herauszukommen. Er akzeptierte.

Am Pfingstmontag des Jahres 1942 vollzog Paul Sakowski seine erste Hinrichtung. Der Lagerälteste Harry Naujoks berichtete darüber in seinen Aufzeichnungen:

„Pfingstsonntag... Der Galgen ist, für alle weithin sichtbar, schon aufgebaut. Der Sarg steht daneben. Die Erregung drückt sich in einem zehntausendfachen Flüstern aus. Es ist das erste Mal, daß vor unseren Augen ein Häftling an einem anderen die Hinrichtung vollziehen soll. Plötzlich steht der Todeskandidat unter dem Galgen. Auf dem Appellplatz ist es totenstill geworden. Der Lagerführer verliest ... das Urteil... Begründung: Todesstrafe wegen Diebstahls und zweckentfremdeter Verwendung von Materialien und Werkzeugen des Lagers. Dann winkt er einem bereitstehenden Häftling zu, dem zum Tode Verurteilten den Strick um den Hals zu legen. Mit einer Kurbel wird der Körper hochgezogen. Erst fällt der rechte Pantoffel herunter, dann auch der andere. Die Arme greifen, nach einem Halt suchend, weit zu beiden Seiten aus. Das Gesicht ist auf einen Schlag völlig farblos... Dann hängt der Körper leblos am Strick."

Aus: Naujoks, *Mein Leben im KZ Sachsenhausen 1936-1942*, a.a.O., S. 308 f.

Paul Sakowski verrichtete seine „Arbeit" als Lagerhenker ohne äußere, erkennbare Regung, pünktlich und exakt, offenbar zur vollsten Zufriedenheit der SS, bis zur Befreiung Sachsenhausens im April 1945. Er, der ursprünglich sogar bereit gewesen war, für Freiheit, Menschenrechte und Demokratie mit seinem Leben einzutreten, gab sich selbst auf, als es darum ging, der Gewalt des Terrors und der Willkür der SS im KZ zu widerstehen. Er tötete, um zu überleben, und wurde damit vom Opfer zum Täter.

12. Die Befreiung

In den ersten Monaten des Jahres 1945 nahmen die Anzeichen zu, daß der militärische Zusammenbruch des nationalsozialistischen Deutschland nicht mehr lange aufzuhalten war. Alliierte Truppen rückten von allen Seiten in das Reichsgebiet vor. Die letzte Phase des Krieges hatte begonnen. Der Reichsführer-SS, Heinrich Himmler, gab deshalb den Befehl, alle Konzentrationslager einschließlich der Nebenlager und Außenkommandos bei Feindannäherung vollständig zu räumen. Um der Rache der Sieger zu entgehen, wollte Himmler die Spuren der SS-Schreckensherrschaft möglichst vollständig verwischen.

In Sachsenhausen begann man nun ebenfalls mit ersten Vorbereitungen für die Räumung des Lagers. Zunächst, im März, wurde belastendes Aktenmaterial vernichtet, vor allem Häftlingsstatistiken. Dann, im April, hörten die Arbeitseinsätze der Gefangenen auf, für die nach langen Jahren der Hoffnungslosigkeit die Befreiung endlich bevorzustehen schien. Aus amerikanischen und britischen Flugzeugen wurden Flugblätter über dem Lagergebiet abgeworfen, die die Gefangenen zum Durchhalten aufriefen. Und von der herannahenden Front hörte man — wenn der Wind richtig stand — bereits den Geschützlärm der Artillerie. Ein Häftling berichtete:

„Ein sonnenklarer Frühlingstag. Seit einigen Tagen rückt das Lager nicht mehr zur Arbeit aus. Der Krieg ist verdächtig näher gerückt, und morgens, wenn der Tageslärm die Stille noch nicht übertönt, hört man in der Ferne deutlich das Grollen der Artillerie. Die Häftlinge freuen sich; verspricht doch das Näherrücken der Front auch ihnen Befreiung aus jahrelanger ... Not ... Niemand von uns weiß, wo die Front verläuft. Aber jeder fühlt, daß sie nicht mehr weit sein kann."
Aus: *Sachsenhausen. Dokumente...*, a.a.O., S. 118f.

Schließlich, wenige Tage vor Kriegsende, befahl Himmler, nicht nur die Akten, sondern auch die Menschen in den KZ's — zu beseitigen: Alle Gefangenen in den noch verbliebenen Lagern sollten schnellstens umgebracht werden, damit kein Häftling, der später gegen die SS hätte aussagen können, den Alliierten lebend in die Hände fiel. Doch das erwies sich im Falle Sachsenhausen als besonders schwierig. Denn seit Beginn des Jahres 1945 waren hier immer neue Gefangenentransporte aus anderen, inzwischen aufgelösten Lagern eingetroffen, so daß die Belegstärke zuletzt sogar noch sprunghaft angestiegen war. Als die Lage zunehmend kritisch wurde, da die sowjetischen Armeen mit wachsender Geschwindigkeit in Richtung Berlin vordrangen, und die Frist bis zum voraussichtlichen Eintreffen der sowjetischen Truppen nicht mehr ausreichte, um alle KZ-Insassen zu töten und ihre Leichen zu beseitigen, entwickelte die Lagerleitung deshalb den Plan, die Gefangenen zur Ostsee zu treiben, um sie dort auf Lastkähne zu verfrachten und auf offener See zu ertränken.

So wurden am 20. und 21. April 1945 insgesamt etwa 33 000 Häftlinge in Trupps von jeweils 500 Männern und Frauen unter SS-Bewachung, aber ohne Verpflegung, in Marsch gesetzt. Es wurde ein Todesmarsch, der nochmals mehr als 6 000 Menschen das Leben kostete. Nach den Leidensjahren im Lager waren viele der Gefangenen den körperlichen Strapazen nicht mehr gewachsen. Wer vor Erschöpfung zusammenbrach, wurde von der SS-Nachhut oft einfach erschossen. Einer der Häftlinge schilderte später, was sich in seiner Marschkolonne am 22. April abgespielt hatte:

„Die erste Etappe ist zurückgelegt. Durch die jahrelange Haft das Marschieren nicht gewöhnt, unterernährt, krank, mit Holzschuhen bekleidet, haben viele ... große Schwierigkeiten... Heute gibt es die ersten Genickschüsse. Kameraden, die nicht mehr weiterkönnen, werden kurzerhand im Chausseegraben erschossen. Verpflegung gibt es nicht. Ohne Pause marschieren wir so 32 km. Auch das Wetter hat sich gegen uns verschworen: Regen, Wind, teilweise auch Hagel. Gruppen, die vor uns marschieren, erleiden das gleiche Schicksal."
Aus: *Sachsenhausen. Dokumente...*, a.a.O., S. 120f.

Das Eingangstor „A" nach der Befreiung

Aber die Macht der SS geriet von Tag zu Tag mehr ins Wanken. Und die Aufseher begannen zu spüren, daß ihre Willkürherrschaft nicht mehr uneingeschränkt galt. Es kam zu ersten offenen Konfrontationen mit den Häftlingen: Als zum Beispiel einer der Gefangenen, ein fast sechzigjähriger, ehemaliger SPD-Reichstagsabgeordneter, der unter seinen Kameraden große Achtung genoß, entkräftet zu Boden stürzte und die SS-Männer ihn an den Straßenrand zerrten, um ihn mit einem Genickschuß zu töten, traten einige mutige Häftlinge den SS-Leuten entgegen. Der Gefangene Fritz Henßler erklärte den anderen Häftlingen: „So, jetzt gibt es die erste Kraftprobe. Dort sitzt ein Reichstagsabgeordneter, den dürfen sie nicht erschießen, den nehmen wir mit." Nach einem Wortwechsel mit einem SS-Offizier wurde der Sozialdemokrat tatsächlich auf den Wagen gesetzt und mitgenommen.

In ihrem Buch über Fritz Henßler hat Marlis Pawlak diese Szene überliefert und daran die Schlußfolgerung geknüpft:

„Noch war es für die Häftlinge zu gefährlich, offen zu rebellieren, denn der Krieg war noch nicht zu Ende; aber auch SS-Angehörige wagten es auf einmal nicht mehr, ihren Willen und ihren Befehl mit Waffengewalt durchzusetzen, sondern gaben mit den Worten auf: ‚Der verreckt doch!' und nahmen ihn mit."

Aus: Marlis Pawlak, *Fritz Henßler — Ein Leben für die Arbeiterbewegung*, Dortmund 1978, S. 29.

Doch keine der Marschkolonnen, die sich vom KZ Sachsenhausen aus auf den Weg gemacht hatten, erreichte die Ostsee. Nach wenigen Tagen stießen sie — je nach Marschrichtung — auf amerikanische, britische oder sowjetische Truppenverbände, die die Häftlinge aus der Gewalt der SS befreiten.

Für die etwa 3 000 in Sachsenhausen zurückgebliebenen Häftlinge — zumeist Bettlägerige im Krankenrevier — kam der ersehnte Moment der Befreiung schon früher. Nur einen Tag nach Abschluß der von der SS durchgeführten, sogenannten „Evakuierung" rückten am Mittag des 22. April 1945 Einheiten der sowjetischen und polnischen Armee in das Lager ein. Die SS hatte das KZ Sachsenhausen also wirklich erst im letzten Moment aufgegeben.

IV. Sachsenhausen nach 1945: „Speziallager Nr. 7"

Beinahe neun Jahre lang hatte Sachsenhausen den Machthabern des NS-Regimes als Konzentrationslager gedient. Von den insgesamt mehr als 200 000 hierher verschleppten Menschen war mehr als die Hälfte ums Leben gekommen. Mit der Befreiung im April 1945 schienen die Leiden der Gefangenen hier ein- für allemal der Vergangenheit anzugehören. Künftig würde das Lager, so konnte man nach der Befreiung annehmen, nur noch eine Stätte der Erinnerung und Mahnung sein — ein Monument der Geschichte.

Tatsächlich wurde das KZ Sachsenhausen nach dem 22. April 1945 zunächst sofort aufgelöst. Sämtliche Lagerinsassen, die den Terror der SS überlebt hatten, erhielten ihre Freiheit zurück. Doch schon bald zeigte es sich, daß das Kapitel Sachsenhausen damit noch nicht abgeschlossen war. Nicht einmal vier Monate vergingen, bis das Lager von den neuen Herren — der sowjetischen Besatzungsmacht — wieder in Betrieb genommen wurde. Gefangene aus anderen, bereits zuvor auf Weisung der Sowjetischen Militäradministration (SMAD) errichteten Lagern wurden nach Sachsenhausen überstellt. Aus dem ehemaligen KZ wurde nun ein Internierungslager.

Und Sachsenhausen war keine Ausnahme. Überall in der Sowjetischen Besatzungszone in Deutschland wurden auf Befehl der SMAD Gefängnisse und ehemalige nationalsozialistische Konzentrations- und Kriegsgefangenenlager in sogenannte „Speziallager" umgewandelt, in die unter dem Deckmantel der Entnazifizierung und scheinbar im Einklang mit den auf der Potsdamer Konferenz getroffenen Vereinbarungen neue Häftlinge eingeliefert wurden. Nur in den ersten Monaten handelte es sich dabei überwiegend um abgeurteilte Kriegsverbrecher und Nationalsozialisten. Dann füllten sich die Speziallager zunehmend auch mit Gegnern der politischen, ökonomischen und gesellschaftlichen Umgestaltung, die in der SBZ nach sowjetischem Vorbild mit Nachdruck betrieben wurde. Die Internierungslager wurden dadurch mehr und mehr zu „Schweigelagern", um die politische Opposition zum Verstummen zu bringen.

Bei den, wie es hieß, „notwendigen Festnahmen im Namen des Volkes" berief sich die SMAD seit Dezember 1945 vor allem auf das Kontrollratsgesetz Nr. 10, das den Entnazifizierungsmaßnahmen der Alliierten eine gemeinsame Grundlage verschaffen sollte und „die Strafverfolgung von Kriegsverbrechern und anderen Missetätern dieser Art" vorsah. Das Gesetz richtete sich zwar nur gegen Taten, die vor dem 8. Mai 1945 begangen worden waren, aber seine nicht ganz eindeutigen Bestimmungen wurden von der Sowjetischen Militäradministration — gegen den Protest der drei Westmächte, die darin einen bewußten Mißbrauch des Gesetzes sahen — auch zur Ausschaltung von Gegnern der „antifaschistisch-demokratischen Umgestaltung" in der SBZ verwendet. Dazu gehörten anfangs vor allem Angehörige des Bürgertums. Nach dem erzwungenen Zusammenschluß von KPD und SPD zur SED im April 1946 wurden dann jedoch auch viele Sozialdemokraten verhaftet und in die Lager eingewiesen. So fanden sich dort — z.B in Sachsenhausen und Buchenwald — Menschen unterschiedlichster Herkunft und Orientierung hinter Stacheldraht wieder: Mitglieder bürgerlicher Parteien und der SPD, engagierte Christen, Handwerker, ehemalige Guts- und Fabrikbesitzer, Richter, Anwälte, Ärzte, Lehrer, Journalisten, selbst Jugendliche und sogar viele derjenigen, die bereits Opfer des NS-Regimes gewesen waren und nun erneut in einem Lager einsitzen mußten.

Das Lager Sachsenhausen unterstand — wie alle Internierungslager in der Sowjetischen Besatzungszone — ausschließlich sowjetischer Befehlsgewalt; schon die offizielle Bezeichnung „Speziallager Nr. 7 des MWD" (Ministerium des Innern der UdSSR) verdeutlichte die Zuordnung. Das Lager war seit 1946 in zwei Bereiche unterteilt: In der Zone I wurden vor allem Personen gefangengehalten, die aus politischen Gründen inhaftiert worden waren; in Zone II — der sogenannten Strafzone — saßen deutsche Kriegsgefangene sowie durch sowjetische Militärtribunale abgeurteilte Häftlinge, deren Strafmaß in der Regel 25 Jahre betrug. Bis zur Auflösung des Lagers Anfang 1950 waren hier insgesamt mehr als 50 000 Menschen aller Altersgruppen interniert — die Mehrzahl von ihnen auf unbestimmte Zeit und ohne rechtskräftige Verurteilung. Die durchschnittliche Belegstärke von 1945 bis 1950 betrug 12 000 - 15 000 Personen, darunter mehr als tausend Frauen.

Das Lager war jedoch kein KZ nationalsozialistischer Prägung mehr. Systematische Quälereien oder die Ermordung von Gefangenen fanden nicht mehr statt. Gleichwohl verstießen die sowjetischen Betreiber des Lagers immer wieder massiv gegen Menschenrechte — indem sie z.B. über 5000 Häftlinge aus dem Lager zwangsweise in die Sowjetunion verschleppten. Und auch die Todesrate im Lager war weiterhin sehr hoch: Mehr als ein Drittel der Lagerinsassen von 1945 bis 1950, etwa 20000 Menschen, gingen an den Bedingungen der Haft zugrunde. Die meisten von ihnen starben an Hungerödemen und Lungentuberkulose — Folgen schlechter Ernährung und mangelnder Bekleidung in den zumeist feuchten und kalten Häftlingsbaracken, die kaum beheizt waren. Die Essenszuteilungen waren von Anfang an ungenügend und wurden während des harten Winters 1946/47 nochmals halbiert. Jeder Gefangene erhielt pro Tag lediglich 300 Gramm Brot, etwas Wassersuppe und Zucker. An Kleidung besaßen die Gefangenen nur das, was sie bei ihrer Einlieferung in das Lager getragen hatten; wenn diese im Laufe der Zeit verschliß, mußten sie sich mit dem behelfen, was von den alten KZ-Anzügen noch übriggeblieben war und irgendwo herumlag. Jedenfalls reichte es meist nicht, um einen hinreichenden Schutz gegen Kälte und Nässe zu liefern. Die völlig unzulänglichen hygienischen Verhältnisse taten dann ein übriges, um die Ausbreitung von Krankheiten und Epidemien zu fördern und die Sterblichkeitsziffern zu erhöhen.

Nacht für Nacht wurden auf Anweisung der Lagerleitung in aller Stille Massenbeerdigungen in einer nahegelegenen Waldschonung oder auf dem Kommandantenhof im Lager durchgeführt. Um keine Zahlen bekannt werden zu lassen, war die Führung von Totenlisten untersagt. Auch Todesmitteilungen wurden nicht verschickt, so daß selbst nächste Angehörige keine Benachrichtigung erhielten, wenn ein Häftling im Lager Sachsenhausen verstarb.

Für diejenigen, die nicht an den Lebensbedingungen im Lager zugrunde gingen, sondern auf ein Ende der Internierung hofften, war die Gefangenschaft in Sachsenhausen unter sowjetischer Aufsicht eine Zeit zermürbender Langeweile. Die Gefangenen waren von der Außenwelt völlig abgeschnitten, ohne Briefkontakt, ohne Arbeit und ohne eine Möglichkeit der Zerstreuung, etwa durch Literatur und andere kulturelle Aktivitäten. Sogar die Abhaltung von Gottesdiensten war von der Lagerführung strikt verboten.

Die Freilassung der Häftlinge ließ jedoch auf sich warten. Die meisten Speziallager bestanden auch dann noch weiter, als die SMAD im Februar 1948 die Entnazifizierung in der SBZ offiziell für abgeschlossen erklärte. Erst nachdem die uneingeschränkte Vorherrschaft der SED mit der Gründung der DDR im Oktober 1949

Leichenfunde bei Sachsenhausen 1990: Totenschädel aus dem ehemaligen „Speziallager Nr. 7"

hinreichend gesichert schien, glaubte die sowjetische Besatzungsmacht den Schritt zur Beseitigung der Lager wagen zu können. Im Januar 1950 wurde die Auflösung des „Speziallagers Nr. 7" in Sachsenhausen verfügt. Von den 11 000 Häftlingen, die sich zu dieser Zeit noch im Lager befanden, wurden etwa 5 300 unmittelbar auf freien Fuß gesetzt. 5 200 wurden von der SMAD zur weiteren Strafverbüßung an die Behörden der DDR überstellt. 550 mußten sich vor DDR-Sondergerichten verantworten. Die letzten Gefangenen verließen das Lager Sachsenhausen im März 1950.

Das Lagergelände wurde noch bis 1954 von der sowjetischen Besatzungsmacht für die Unterbringung eigener Militärstrafgefangener genutzt. Dann wurde das Areal von der sowjetischen Militärverwaltung an die DDR übergeben, die hier bereits 1955 mit der Errichtung einer Nationalen Mahn- und Gedenkstätte für die Opfer des Konzentrationslagers Sachsenhausen begann. Seit April 1961 ist die Gedenkstätte für Besucher zugänglich. Allerdings fand sich dort bis zum Zusammenbruch des SED-Regimes kein Hinweis auf das „Speziallager Nr. 7". Diese Phase der Geschichte Sachsenhausens wurde von der DDR entweder völlig ausgeklammert oder verharmlost.

V. Opfer und Täter:
Was ist aus ihnen geworden?

Das Kapitel der nationalsozialistischen Terrorherrschaft war mit dem Zusammenbruch des NS-Regimes, dem Ende des Zweiten Weltkrieges und der Befreiung der Häftlinge aus den Gefängnissen und Konzentrationslagern Hitler-Deutschlands keineswegs abgeschlossen. Denn nun stellte sich die Aufgabe, die überlebenden Opfer bzw. die Hinterbliebenen der Toten zu „entschädigen" und die Täter zu bestrafen.

An der Unmenschlichkeit und Tyrannei des sogenannten „Dritten Reiches" sowie an der Berechtigung einer Entschädigung der Opfer und der Notwendigkeit einer Bestrafung der Täter konnte es keinen Zweifel geben. Die Frage war nur, welcher der beiden deutschen Staaten, die sich nun als zwei voneinander unabhängige politische und gesellschaftliche Systeme zu entwickeln begannen, dafür die Verantwortung zu übernehmen hatte — oder ob die Bundesrepublik und die DDR beide eine Verpflichtung anerkennen würden, für das begangene Unrecht zu haften. Die Antwort auf diese Frage läßt auch Rückschlüsse darüber zu, wie die beiden deutschen Staaten mit dem Erbe, das zwölf Jahre NS-Herrschaft hinterlassen hatten, umgingen und wie sie die Vergangenheit — soweit dies überhaupt möglich ist — „bewältigten".

1. Wiedergutmachen, was nicht gut zu machen ist: Die Opfer

Die Überlebenden der Konzentrationslager gingen nach ihrer Befreiung 1945 einer ungewissen Zukunft entgegen. Kaum eines der Opfer, das die Haft im KZ überstanden hatte, kehrte in die Freiheit zurück, ohne bleibende körperliche und seelische Narben zurückzubehalten. Viele waren nicht einmal mehr fähig, für den eigenen Lebensunterhalt zu sorgen. Zudem hatten sie oft alle familiären und persönlichen Bindungen verloren, waren ohne feste Bleibe und Besitz. Fast alle bedurften deshalb nicht nur des moralischen, geistigen und politischen Beistandes und der gesellschaftlichen und rechtlichen Anerkennung als Verfolgte des NS-Regimes, sondern auch einer raschen materiellen Unterstützung beim Aufbau einer neuen Existenz.

Die Bundesrepublik Deutschland, die sich — so die Auffassung der Bundesregierung und des Bundesverfassungsgerichts — als mit dem Deutschen Reich identisch betrachtete, auch wenn die Herrschaftsgewalt ihrer staatlichen Organisationen nur auf einen Teil des ehemaligen Staatsgebietes beschränkt war, erkannte seit ihrer Gründung im Jahre 1949 ihre Pflicht an, „Wiedergutmachung" für das Unrecht zu leisten, das vom NS-Regime an Einzelpersonen, Personengruppen oder Ländern begangen worden war. Die Bundesregierung schloß deshalb verschiedene internationale Verträge über Entschädigungsleistungen ab, die von der Bundesrepublik zu erbringen waren. Das erste Wiedergutmachungsabkommen dieser Art wurde am 10. September 1952 von Bundeskanzler Konrad Adenauer und dem israelischen Ministerpräsidenten Moshe Sharett in Luxemburg unterzeichnet. Bonn verpflichtete sich darin, dem Staat Israel innerhalb von 12 bis 14 Jahren 3 Milliarden DM zu zahlen; weitere 450 Millionen DM wurden der Interessenvertretung der außerhalb Israels lebenden jüdischen Flüchtlinge — der Jewish Claims Conference — zugesprochen. Das diesbezügliche Gesetz, das vom Bundestag am 18. März 1953 verabschiedet wurde, trat am 27. März 1953 in Kraft. Am 29. März 1966 war das Wiedergutmachungsabkommen mit Israel finanziell erfüllt.

Ähnliche Wiedergutmachungsabkommen über Leistungen zugunsten ausländischer Staatsangehöriger, die von nationalsozialistischen Verfolgungsmaßnahmen betroffen gewesen waren, wurden bis 1966 mit folgenden 13 europäischen Ländern abgeschlossen:

Jugoslawien	(18. 3.56)	235 Mio. DM
Luxemburg	(11. 7.59)	18 Mio. DM
Norwegen	(7. 8.59)	60 Mio. DM
Dänemark	(24. 8.59)	16 Mio. DM
Griechenland	(18. 3.60)	115 Mio. DM
Niederlande	(8. 4.60)	280 Mio. DM
Frankreich	(15. 7.60)	400 Mio. DM
Belgien	(28. 9.60)	80 Mio. DM
Italien	(2. 6.61)	80 Mio. DM

Schweiz	(29. 6.61)	10 Mio. DM
Österreich	(9. 6.64)	11 Mio. DM
Schweden	(3. 8.64)	1 Mio. DM

Kritische Stimmen wiesen allerdings immer wieder darauf hin, daß die an das Ausland geleisteten Wiedergutmachungszahlungen in keinem Verhältnis zu den Schäden stünden, die dort durch die NS-Herrschaft angerichtet worden seien. Tatsächlich schlugen die Zahlungen an andere Staaten in der Wiedergutmachungsbilanz der Bundesrepublik nicht gerade spektakulär zu Buche: So flossen von den 86 Milliarden DM, die die Bundesrepublik bis Ende 1987 für Wiedergutmachung aufwandte, lediglich sechs Milliarden DM ins Ausland. Der bei weitem größte Teil der Zahlungen ging somit an deutsche Staatsangehörige.

Individualentschädigungen an Ausländer gab es dabei überhaupt nicht. Denn die Bundesrepublik erkannte Schuld und Schulden nur gegenüber anderen Staaten an, nicht aber gegenüber den unter der NS-Herrschaft verfolgten Angehörigen dieser Staaten. Diese Argumentation stützte sich vor allem auf das Londoner Schuldenabkommen vom 27. Februar 1953, in dem zwischen der Bundesrepublik Deutschland und den drei Westalliierten sowie 17 weiteren Staaten die Tilgung von 7,3 Milliarden DM Kriegsschulden durch die Bundesrepublik in mehreren Raten vereinbart worden war. Das Vertragswerk enthielt jedoch eine Klausel, wonach Einzelentschädigungen an Bürger anderer Staaten zunächst weitgehend ausgeschlossen wurden. Art. 5 Abs. 2 des Londoner Abkommens legte nämlich ausdrücklich fest, daß über das Abkommen hinaus „eine Prüfung der aus dem Zweiten Weltkriege herrührenden Forderungen von Staaten" und „von Staatsangehörigen dieser Staaten ... bis zur endgültigen Regelung der Reparationsfrage zurückgestellt" werden sollten. Forderungen, die durch das Londoner Abkommen nicht gedeckt waren — darunter insbesondere auch Tausende von moralisch mehr als berechtigten Individualentschädigungen — wurden damit auf jenen unbestimmten Zeitpunkt vertagt, an dem ein Friedensvertrag unterzeichnet werden würde. Kritiker warfen der Bundesregierung deshalb vor, daß sie von vornherein nur auf eine begrenzte Wiedergutmachung ausgewesen sei.

Das galt nach Auffassung der Kritiker vor allem für die Entschädigung der vielen Osteuropäer, die in die KZ's oder zur Zwangsarbeit in deutsche Betriebe verschleppt worden waren und bis heute von allen Entschädigungsleistungen ausgeschlossen blieben. Dabei war die Mehrzahl der insgesamt etwa sechs Millionen Verfolgten gerade dort ansässig gewesen, vor allem in Polen und der UdSSR. Insbesondere galt dies auch für die rund 750 000 KZ-Häftlinge, die in deutschen Industriebetrieben arbeiten mußten und unter denen sich neben Juden ebenso hauptsächlich Bürger polnischer und sowjetischer Nationalität befanden.

Wenn Opfer aus osteuropäischen Ländern, die oft lebenslange Behinderungen aus der Zeit der Gefangenschaft zurückbehalten hatten, trotzdem Entschädigungsanträge bei den dafür zuständigen Behörden der Bundesrepublik einreichten, wurden ihre Gesuche stets mit der Begründung abgelehnt, daß sie „weder Deutsche noch deutsche Volkszugehörige" seien und demzufolge keinen Anspruch auf Entschädigung hätten. Tatsächlich hatte bereits das Bundesentschädigungsgesetz von 1953 — wie das Londoner Schuldenabkommen — Ausländer von individuellen Entschädigungsleistungen ausdrücklich ausgenommen.

Deutlich erwies sich auch, wie sehr deutsche Richter nach wie vor der NS-Vergangenheit verhaftet waren, wenn sie über Wiedergutmachungsanträge von Ausländern zu befinden hatten. So wurde der Antrag einer polnischen Frau, die einem Juden Unterschlupf gewährt hatte und deshalb von den Nazis in ein Konzentrationslager eingewiesen worden war, vom Oberlandesgericht Köln mit dem Hinweis abgelehnt, daß sie ja schließlich nicht aus Gründen „nationaler Betroffenheit" verfolgt worden sei. Wer Juden versteckt gehalten habe und damit der Ausrottungspolitik gegen die Juden entgegengetreten sei, so das Gericht, sei während der NS-Zeit „ohne Rücksicht auf seine Staats- und Volkszugehörigkeit verfolgt worden". Die Begründung erscheint angesichts der mutigen Tat der Frau nicht nur völlig unverständlich, sondern belegt auch, in welchem Geiste nach wie vor über menschliche Schicksale befunden wurde.

Beispiele dieser Art gibt es jedoch viele. So war ein polnischer Staatsangehöriger 1940 vom nationalsozialistischen Volksgerichtshof wegen Aufforderung zum Landesverrat zu vier Jahren Freiheitsstrafe verurteilt und nach dem Aufenthalt in mehreren Zuchthäusern schließlich in ein Konzentrationslager überstellt worden. Als er später in der Bundesrepublik den Antrag stellte, diese Zeit der Gefangenschaft wenigstens auf seine Rente anzurechnen, lehnten Sozialministerium und Bundesversicherungsanstalt dies mit der Begründung ab, „daß der Versicherte aus Gründen politischer Gegnerschaft gegen den Nationalsozialismus ... verfolgt und deshalb ... seiner Freiheit beraubt" worden sei. Der Entschädigungsantrag eines anderen Polen, der gleichfalls nach Deutschland verschleppt worden war und unter anderem in Außenkommandos der Konzentrationslager Dachau und Buchenwald für deutsche Rüstungsunternehmen mehrere Jahre Zwangsarbeit leisten mußte, wurde in letzter Instanz vom Bundesgerichtshof mit der Begründung abgelehnt, daß er nicht aus „nationalen Gründen" deportiert worden sei, sondern weil die Betriebe ihn mit seiner Ausbildung als Facharbeiter einfach „benötigt" hätten.

Dagegen kann sich die Bilanz der Bundesrepublik bei der Wiedergutmachung gegenüber Einzelpersonen deutscher Staatsangehörigkeit durchaus sehen lassen. Versäumnisse gegen einzelne Gruppen von Opfern, die teilweise nur sehr schleppend oder bis heute gar nicht korrigiert wurden, sind aber gleichfalls nicht außer acht zu lassen. Auch in diesem Bereich gab es von Anfang an Schwierigkeiten und Auseinandersetzungen. So lehnte die Bundesregierung bereits in den fünfziger Jahren die Ernennung eines Bundesbeauftragten für Wiedergutmachung vehement ab. Ebenso weigerte sie sich zunächst, dem Drängen der Verfolgtenverbände und der alliierten Hohen Kommissare zur Verabschiedung eines bundeseinheitlichen Entschädigungsgesetzes zu entsprechen, obwohl sie sogar vom Bundestag mehrheitlich — also auch mit den Stimmen der Regierungskoalition — aufgefordert wurde, ein Bundesgesetz zur Entschädigung der Opfer der nationalsozialistischen Verfolgung und zur Wiedergutmachung von Personen- und Vermögensschäden vorzulegen. Die Regierung fürchtete ein solches Gesetz, weil es voraussichtlich mit hohen Kosten verbunden war.

Gegen Ende der ersten Legislaturperiode kam das Gesetz aufgrund des Drucks nationaler und internationaler Verfolgtenverbände, der Westalliierten und der Verhandlungen mit dem Staat Israel am 18. September 1953 dann aber doch zustande. Es wurde jedoch lediglich als Ergänzungsgesetz zu bereits bestehenden Länderregelungen angesehen und war derart ungenügend, daß zugleich mit seiner Verabschiedung im Bundestag ein Novellierungsantrag beschlossen wurde, um den Kreis der Anspruchsberechtigten zu erweitern und die Einzelleistungen zu erhöhen.

So waren nach dem Gesetz vom September 1953 ausschließlich diejenigen Personen anspruchsberechtigt, die eine Verfolgung aus Gründen der Rasse, des Glaubens, der Weltanschauung oder der politischen Überzeugung schlüssig nachweisen konnten. Ein Antrag der SPD-Fraktion, ausdrücklich alle Fälle nationalsozialistischer Verfolgung in das Gesetz einzubeziehen, in denen Menschen und

Bürgerrechte verletzt worden waren, hatte keine Mehrheit gefunden. Menschen, die Jahre ihres Lebens im Konzentrationslager hatten verbringen müssen, aber keines der im Gesetz aufgeführten Merkmale erfüllten, waren also von einer Entschädigung ausgeschlossen. Davon betroffen waren zum Beispiel Opfer medizinischer Versuche, Zwangssterilisierte, Euthanasie-Opfer, Angehörige der Roma und Sinti sowie Homosexuelle und Lesbierinnen.

Bei der Entscheidung über Entschädigungsanträge wurden dann — gestützt auf das Gesetz — von den Behörden und Gerichten der Bundesrepublik zum Teil sogar die nationalsozialistischen Begriffe zur Charakterisierung von Personengruppen einfach übernommen. Dafür gibt es zahlreiche, für die deutsche Justiz unrühmliche Beispiele. So wurde Personen, die als sogenannte ,,Asoziale", ,,Berufsverbrecher" oder ,,Wehrkraftzersetzer" in einem KZ inhaftiert gewesen waren, ein Recht auf Wiedergutmachungsleistungen abgesprochen. Auch jene, die vor 1945 von einem Kriegsgericht nach nationalsozialistischer Rechtsauslegung verurteilt worden waren, konnten in der Bundesrepublik nicht auf Entschädigung hoffen. Das galt etwa für die Angehörigen der ,,Zeugen Jehovas", die für ihre Überzeugung der Verweigerung des Wehrdienstes aus religiösen Gründen als ,,Wehrkraftzersetzer" in die Konzentrationslager eingeliefert worden waren. Der Bundesgerichtshof versagte ihnen eine Entschädigung mit dem Hinweis darauf, daß sie nicht wegen ihres Glaubens, sondern aus militärischen Gründen verfolgt worden seien.

Auch sonst gab es in der Praxis zahlreiche Hindernisse, die es den Opfern erschwerten, tatsächlich in den Genuß einer finanziellen Entschädigung zu kommen. So erwies es sich bald, daß ein großer Teil der gestellten Anträge nur sehr langsam bearbeitet werden konnte, weil das Bundesfinanzministerium nur schleppend die notwendigen Durchführungsbestimmungen erließ und ein außerordentlicher Personalmangel in den zuständigen Verwaltungen eine rasche Antragsabwicklung blockierte. Stichtagsregelungen, langwierige und kaum überschaubare Anerkennungsverfahren sowie Schwierigkeiten bei der Beweiserbringung führten zusätzlich dazu, daß Entschädigungen oft nicht geleistet wurden. So waren Tausende von Häftlingen bei der Befreiung ohne jeden Identitätsnachweis gewesen und konnten damit jetzt keinen Beweis für die Verfolgung, der sie ausgesetzt gewesen waren, und das Leid, das sie erlitten hatten, vorlegen. Zudem hatte die SS unmittelbar vor Kriegsende viele der Unterlagen — wie Häftlingskarteien, Krankenlisten und KZ-Belegungsaufstellungen — vernichtet.

Ein besonderes Problem stellte die Anerkennung von Gesundheitsschäden dar, die durch die KZ-Haft verursacht worden waren. Ehe der Gesundheitsschaden eines ehemaligen Häftlings als „verfolgungsbedingt" anerkannt wurde, mußte sich der Antragssteller — oft mehrmals — ärztlich begutachten lassen. Im Gegensatz zur international üblichen medizinischen Praxis verlangten die westdeutschen Gutachter dabei eine wissenschaftlich exakt nachweisbare Kausalkette der Krankheitsentstehung. Immer wieder kam es zur Herabminderung, Verharmlosung und sogar Leugnung von gesundheitlichen Schäden und zu gängigen Formulierungen in ablehnenden Gutachten und Befunden, wie „anlagebedingt", „altersbedingt" oder sogar „schicksalsbedingt". Die medizinischen und psychologischen Anerkennungsverfahren wurden darüber hinaus für die geschädigten Opfer häufig zu einem wahren „Spießrutenlaufen".

Viele ehemalige KZ-Häftlinge ließen sich deshalb durch die bürokratischen Hindernisse und die Schwierigkeiten bei der Beweiserbringung schließlich entmutigen und zur Rücknahme ihres Antrages auf Entschädigung bewegen. Manche verzichteten von vornherein darauf, überhaupt einen Antrag zu stellen. In anderen Fällen führten derartige Schwierigkeiten dann zwar zu einer rechtlich begründeten, aber moralisch fragwürdigen Ablehnung der Wiedergutmachungsforderungen von Opfern.

Daran konnten auch Korrekturen, die im Verlauf der Jahre vom Gesetzgeber vorgenommen wurden und weitgehend kosmetisch blieben, nichts ändern. Das Dritte Änderungsgesetz vom 29. Juni 1956 gestaltete das Bundesentschädigungsgesetz (BEG) grundlegend neu, das dann neun Jahre später durch das BEG-Schlußgesetz vom 14. September 1965 abschließend novelliert wurde. In diesem BEG-Schlußgesetz wurden weitere Veränderungen zugunsten der Opfer vorgenommen — so zum Beispiel eine Beweislasterleichterung und eine Erhöhung der Entschädigungsleistungen. Die Berechnung der Hinterbliebenen-, Körperschaden- und Berufsschadenrenten erfolgte danach in Anlehnung an die Dienst- und Versorgungsbezüge vergleichbarer Beamtengruppen. Deshalb wurden — und werden — die Entschädigungsrenten auch jeweils den Beamtenbezügen angeglichen, wobei die nach dem Bundesentschädigungsgesetz aufzuwendenden Mittel je zur Hälfte vom Bund und von der Gesamtheit der Länder getragen werden. Zugleich mit der Verabschiedung des BEG-Schlußgesetzes wurde allerdings die Antragsschlußfrist auf den 31. Dezember 1969 festgesetzt, so daß nach diesem Zeitpunkt keine neuen Anträge nach dem BEG mehr gestellt werden konnten. Weitere Novellierungsvorschläge wurden abgelehnt.

Prinzipiell von Entschädigungsleistungen nach dem Bundesentschädigungsgesetz ausgeschlossen blieben jene Personenkreise, die sich nach dem 23. Mai 1949 — dem Gründungstag der Bundesrepublik Deutschland — für die Beseitigung der freiheitlich-demokratischen Grundordnung in der Bundesrepublik einsetzten. Eine Unterstützung von erklärten Gegnern der westdeutschen Demokratie sollte es damit nicht geben. Betroffen von dieser Regelung waren vor allem Kommunisten und Sozialisten, die vor 1945 zu Tausenden für ihre politische Überzeugung in die Konzentrationslager hatten gehen müssen.

Im Laufe der Jahre ist immer wieder darüber diskutiert worden, ob es moralisch vertretbar sei, so viele Opfer von Entschädigungszahlungen auszuschließen, andererseits aber ehemaligen hochrangigen NS-Funktionären und deren Witwen — wie der Frau des Vorsitzenden des Volksgerichtshofes, Roland Freisler — Pensionen zu gewähren. Doch erst zu Beginn der achtziger Jahre wurde vom Bundestag mit der Schaffung zusätzlicher Härtefonds der sehr späte Versuch unternommen, auch jenen Geschädigten der nationalsozialistischen Gewaltherrschaft eine zumindest materielle „Wiedergutmachung" zukommen zu lassen, die bislang nicht berücksichtigt worden waren. Bemerkenswert bleibt indessen die Höhe der „Wiedergutmachungs'"-Zahlungen, die insgesamt von der Bundesrepublik Deutschland geleistet worden sind. Sie beliefen sich — einem Bericht der Bundesregierung zufolge — bis 1987 auf über 86 Milliarden DM und werden bis zum Jahr 2020 die 100-Milliarden-Grenze überschreiten.

Im Gegensatz zur Bundesrepublik hat die DDR eine Pflicht zur „Wiedergutmachung" nie anerkannt und auch keine individuellen Entschädigungen an die Opfer des NS-Regimes gezahlt. Alle diesbezüglichen Anträge wurden von der DDR mit der Begründung zurückgewiesen, daß sie als Staat nicht in der Nachfolgeschaft des „Dritten Reiches" stehe. Allerdings kamen ehemalige KZ-Häftlinge auch im ostdeutschen Staat in den Genuß besonderer Fürsorgemaßnahmen in Form sozialer Sonderleistungen — etwa im Arbeits- und Gesundheitsbereich sowie bei der Zuweisung von Wohnungen. Seit 1965 erhielten Opfer der NS-Herrschaft darüber hinaus einen sogenannten „Ehrensold" als Pension. Bei diesen Zahlungen wurden — anders als in der Bundesrepublik — bestimmte Gruppen, hauptsächlich aus der Arbeiterbewegung, besonders bevorzugt. So wurden

„Verdiente Kämpfer gegen den Faschismus" mit 800 Mark monatlich, „Verfolgte des Faschismus" hingegen nur mit 600 Mark monatlich belohnt. Andere Personengruppen, wie Angehörige der Roma und Sinti, waren auch in der DDR von finanziellen Zuwendungen ganz ausgeklammert.

Wiedergutmachungsleistungen an andere Staaten wurden von der DDR mit der gleichen Begründung wie individuelle Entschädigungen abgelehnt. Nur zweimal, im Falle Jugoslawiens und der USA, ist die DDR von dieser Linie abgewichen, um im Gegenzug für finanzielle Leistungen die diplomatische Anerkennung Belgrads und Washingtons zu erhalten. Die hierbei von der DDR aufgebrachten Entschädigungen wurden somit nicht aus geschichtlicher Einsicht und Verantwortung, sondern einzig aus Erwägungen politischer Nützlichkeit gezahlt.

2. Die Verfolgung der Täter: Vergessen und Vergeben?

Im Herbst 1947 fand vor dem Militärtribunal der Sowjetischen Militäradministration (SMAD) der erste Sachsenhausen-Prozeß statt, in dem sich sechzehn Angehörige der ehemaligen SS-Führung und des Lagerpersonals für ihre Taten zu verantworten hatten. Dabei kamen ausführlich die von diesen Personen begangenen Verbrechen an Tausenden von Häftlingen des Konzentrationslagers Sachsenhausen zur Sprache. Alle Angeklagten wurden zu lebenslanger Haft verurteilt. Dazu gehörten unter anderem:

— Anton Kaindl, ehemaliger SS-Lagerkommandant
— Gustav Sorge (der „Eiserne Gustav"), SS-Rapportführer
— Wilhelm Schubert, SS-Blockführer
— Dr. Heinz Baumkötter, 1. Lagerarzt
— Kurt Eccarius, Leiter des Zellenbaus.

Unter den Beschuldigten im Sachsenhausen-Prozeß 1947 war auch Paul Sakowski, der Lagerhenker, der ebenfalls eine lebenslängliche Haftstrafe erhielt. In der Urteilsbegründung hieß es dazu:

„Sakowski ist schuldig, als Henker des Lagers Sachsenhausen an allen Hinrichtungen in diesem Lager und an der Verbrennung der Leichen der vernichteten Häftlinge teilgenommen zu haben."

Paul Sakowski brauchte die gegen ihn verhängte Strafe jedoch nicht in vollem Umfang zu verbüßen, sondern wurde 1962 aufgrund einer

Sachsenhausen-Prozeß vor dem Militärtribunal der Sowjetischen Besatzungstruppen in Deutschland vom 23. Oktober 1947 bis 1. November 1947

Initiative seiner ehemaligen Sachsenhausener Häftlingskameraden vorzeitig aus der Haft entlassen.

Aber auch SS-Männer, die als Peiniger und Mörder im Sachsenhausen-Prozeß von 1947 zu lebenslanger Gefängnisstrafe verurteilt worden waren, erlangten die Freiheit wieder. Dabei kamen ihnen die politischen Entwicklungen zu Hilfe. Als die Bundesrepublik Deutschland und die Sowjetunion 1955 die Aufnahme diplomatischer Beziehungen sowie die Rückführung aller noch im sowjetischen Gewahrsam befindlichen deutschen Kriegsgefangenen und Zivilinternierten vereinbarten, befanden sich unter den Heimkehrern auch abgeurteilte NS-Verbrecher, darunter einige der im Sachsenhausen-Prozeß schuldig gesprochenen Mörder. Die Auslieferung durch die UdSSR erfolgte zunächst mit der Auflage, die Verurteilten in der Bundesrepublik einer weiteren Bestrafung zuzuführen. Dazu kam es allerdings oft nicht. In manchen Fällen vergingen mehrere Jahre, ehe die westdeutschen Justizbehörden überhaupt die Strafverfolgung aufnahmen, so daß es einigen der Täter gelang, unterzutauchen und sich einem erneuten Prozeß für ihre im KZ begangenen Verbrechen zu entziehen.

So blieb zum Beispiel Dr. Heinz Baumkötter, der von 1943 bis 1945 als 1. Lagerarzt im KZ Sachsenhausen tätig gewesen und 1955 als Nichtamnestierter von der Sowjetunion in die Bundesrepublik überstellt worden war, unbegreiflicherweise zunächst völlig unbehelligt. Erst nachdem es ehemaligen Sachsenhausener Häftlingen gelungen war, seinen Aufenthaltsort ausfindig zu machen, wurde ein Verfahren gegen ihn eingeleitet. Das Urteil des Landgerichts Münster für den Mann, der — sogar nach eigenem Eingeständnis — bei der Erschießung vieler sowjetischer Kriegsgefangener und grausamen medizinischen Versuchen mitgewirkt hatte, lautete schließlich auf nur acht Jahre Gefängnis. Dann wurde er sogar noch vorzeitig aus der Haft entlassen und praktizierte danach ungehindert weiter als Arzt.

Auch andere von der Sowjetunion an die Bundesrepublik ausgelieferte SS-Männer, die im KZ Sachsenhausen ungeheuerliche Verbrechen begangen hatten, fanden hier nachsichtige Richter: Kurt Eccarius, der als ehemaliger Leiter des Lagergefängnisses — des sogenannten „Zellenbaus" — ein grausames Regiment gegen die Häftlinge geführt und diese gequält, gefoltert und gemordet hatte, erhielt ganze vier Jahre Haft. Otto Wesel, SS-Obersturmführer und zeitweilig Adjutant des Lagerkommandanten von Sachsenhausen, kam trotz der nachweislich von ihm begangenen Tötungen von mehr als zweihundert Gefangenen, darunter viele Frauen und Kinder, mit siebeneinhalb Jahren Gefängnis und der fünfjährigen Aberkennung seiner bürgerlichen Ehrenrechte davon.

Und viele Täter wurden überhaupt nicht zur Rechenschaft gezogen — wie Dr. Schmitz, der 2. Lagerarzt von Sachsenhausen, der eine große Zahl medizinischer Experimente mit für die Häftlinge tödlichem Ausgang durchgeführt hatte. Ein 1959 gegen ihn angestrengtes Verfahren wurde bald wieder eingestellt, so daß die von ihm begangenen Verbrechen ungesühnt blieben. Mehr noch: Da er in der Bundesrepublik längst wieder seine Zulassung als Arzt erhalten hatte, konnte er seinen Beruf ebenso ungehindert weiter ausüben wie Dr. Baumkötter nach Verbüßung seiner kurzen Haft.

Aber nicht alle Mörder von Sachsenhausen, die in schwarzer SS-Uniform oder weißem Arztkittel die ihnen ausgelieferten Menschen gequält oder getötet hatten, entgingen ihrer gerechten Strafe. So wurden Gustav Sorge und Wilhelm Schubert von Gerichten der Bundesrepublik erneut zu lebenslanger Haft verurteilt. Und auch andere SS-Männer und Offiziere, die in Bonn, München und Düsseldorf von den Justizbehörden angeklagt wurden, erhielten für ihre in Sachsenhausen begangenen Gewalttaten und Morde lebenslangen Freiheitsentzug.

Eine einheitliche Rechtspraxis bei der Verfolgung von NS-Verbrechen ist in der Bundesrepublik somit nicht auszumachen. Vieles war dem Zufall überlassen — sowohl hinsichtlich des Aufspürens und der Inhaftierung der Täter als auch bei der anschließenden Prozeßführung und vor allem hinsichtlich des Strafmaßes. Wer als Täter das

„Glück" hatte, milde Richter zu finden, die oft durch ihre eigene Vergangenheit in der NS-Zeit geprägt waren, konnte auf Freispruch oder eine lächerlich geringe Strafe hoffen, die zu der Ungeheuerlichkeit der begangenen Verbrechen in keinem angemessenen Verhältnis stand. Wer dieses „Glück" dagegen nicht hatte, wurde ähnlich hart bestraft wie die Angeklagten im ersten Sachsenhausen-Prozeß vom Herbst 1947 in der Sowjetischen Besatzungszone — nämlich in der Regel mit lebenslangem Freiheitsentzug. Insgesamt ist das Kapitel Sachsenhausen aber wohl nicht dazu angetan, der Justiz in der Bundesrepublik Deutschland ein positives Zeugnis auszustellen.

Übersicht

Nach den Mitteilungen der Landesjustizverwaltungen ergibt sich folgender Stand der Verfolgung nationalsozialistischer Straftaten:

1. Die von den Staatsanwaltschaften seit dem 8. Mai 1945 eingeleiteten Ermittlungen richteten sich gegen insgesamt Beschuldigte 90 921
2. Rechtskräftig verurteilt wurden insgesamt Angeklagte 6 479
   davon zum Tode 12
   zu lebenslanger Freiheitsstrafe 160
   zu zeitiger Freiheitsstrafe 6 192
   zu Geldstrafe 114
   nach Jugendrecht verwarnt 1
3. Ohne Bestrafung abgeschlossen (z.B. durch Freispruch, Außerverfolgungsetzung, Nichteröffnung der Hauptverhandlung, Einstellung durch Gericht oder Staatsanwaltschaft, Tod des Beschuldigten oder in anderer Weise) wurden die Verfahren gegen Personen 83.140
   Beim Vergleich dieser Zahl mit der Zahl der Verurteilungen ist zu berücksichtigen, daß die Staatsanwaltschaften in einer Vielzahl von Verfahren ganze Einheiten und Dienststellen, deren Angehörige für eine Tatbeteiligung in Betracht kamen, systematisch überprüft haben. Eine förmliche Beschuldigung war auch Voraussetzung, um eine Unterbrechung der drohenden Verjährung vorsorglich herbeizuführen.
4. Bei Staatsanwaltschaften und Gerichten waren am 1. Januar 1986 Verfahren noch gegen Personen anhängig 1 302
5. Von der Zentralen Stelle in Ludwigsburg wurden seit Beginn ihrer Tätigkeit, dem 1. 12. 1958, Vorermittlungsverfahren gegen eine nicht genau feststellbare Zahl von Verdächtigen eingeleitet 4 954
   Hiervon wurden bis zum 31. 12. 1985 insgesamt Verfahren erledigt 4.853
   Am 1. Januar 1986 waren bei der Zentralen Stelle in Ludwigsburg noch Vorermittlungsverfahren anhängig 101

   Nach: Götz Albrecht, Bilanz der Verfolgung von NS-Straftaten, Köln 1986, S. 149.

Literaturhinweise

I. Erinnerungen ehemaliger Häftlinge des KZ Sachsenhausen

Burger, Adolf: Des Teufels Werkstatt. Im Fälscherkommando des KZ Sachsenhausen, Berlin (Ost) 1985.
Christel, Albert: Apokalypse unserer Tage. Erinnerungen an das KZ Sachsenhausen, hrsg. von Manfred Ruppel und Lothar Wolfstetter, Frankfurt am Main 1987.
Lienau, Heinrich: Zwölf Jahre Nacht. Mein Weg durch das Tausendjährige Reich, Flensburg-Nielsen 1949.
Nansen, Odd: Von Tag zu Tag. Ein Tagebuch, Hamburg 1949.
Naujoks, Harry: Mein Leben im KZ Sachsenhausen 1936-1942. Erinnerungen des ehemaligen Lagerältesten, hrsg. von Martha Naujoks und dem Sachsenhausen-Komitee für die BRD, Köln 1987.
Szepansky, Wolfgang: Dennoch ging ich diesen Weg, Berlin (Ost) 1985.
Weiß-Rüthel, Arnold: Nacht und Nebel. Ein Sachsenhausen-Buch, Berlin-Potsdam 1949.

II. Darstellungen über das KZ Sachsenhausen

Finn, Gerhard: Sachsenhausen 1936-1950. Geschichte eines Lagers, Bonn 1985.
Stärker als der Tod, hrsg. von der NMG Sachsenhausen, zusammengestellt und eingeleitet von Barbara Kühle (= Sachsenhausen, H. 4), Oranienburg 1987.
Niemand und nichts vergessen. Ehemalige Häftlinge aus verschiedenen Ländern berichten über das KZ Sachsenhausen, hrsg. vom Sachsenhausenkomitee Westberlin und dem Arbeitskreis Sachsenhausenkomitee Berlin (West) in Zusammenarbeit mit der Vereinigung der Verfolgten des Naziregimes / Verband der Antifaschisten (VVN/VdA), Berlin (West) 1984.
Sigl, Fritz: Todeslager Sachsenhausen. Ein Dokumentarbericht lin (Ost) 1986.

Anhang

Die Nationale Mahn- und Gedenkstätte Sachsenhausen

Wer heute nach Sachsenhausen fährt, besucht kein Konzentrationslager, sondern eine Gedenkstätte, die an die Opfer der NS-Herrschaft erinnern und Informationen zur nationalsozialistischen Gewaltherrschaft bieten sowie einen anschaulichen Eindruck von der Wirklichkeit eines Lagers vermitteln will. Diese Ziele, die mit der Errichtung der Nationalen Mahn- und Gedenkstätte in Sachsenhausen verbunden sind, werden zweifellos erreicht. Auch wenn es Besuchern gelegentlich schwerfällt, hinter der aufgeräumten und gepflegten Atmosphäre der heutigen Gedenkstätte das ehemalige KZ zu erkennen, gewinnen sie dennoch eine wirklichkeitsnähere Vorstellung vom Leben im Lager, als sie es durch Bücher oder Filme erreichen könnten.

Wer das Pförtnerhaus der Sachsenhausener Gedenkstätte und einen Verkaufsstand für Andenken und Schriften über das Lager passiert hat, betritt noch nicht gleich das eigentliche Lagergelände, sondern gelangt zunächst in den Kommandanturbereich der SS.

Das Lagergelände selbst, das durch das schmiedeeiserne, in seinem ursprünglichen Zustand erhaltene Eingangstor „A" erreicht wird, vermittelt dann einen tiefen Eindruck von dem Konzentrationslager, das seit 1936 hier bestand. Viele Überreste des einstigen Lagers sind auch in der heutigen Gedenkstätte noch immer sichtbar. So blieben neben dem Tor „A" auch die Lagermauer mit den Wachtürmen, der Appellplatz und die „Schuhprüfstrecke" unverändert — von Ausbesserungsarbeiten einmal angesehen. Der Appellplatz wird an einer Seite von einer „rekonstruierten" Todeszone mit Stacheldrahtverhau, Hochspannungszaun und separatem Laufgang für die Wachhunde abgegrenzt. Die Standorte der Häftlingsbaracken sind mit Granitblöcken markiert, auf denen die Barackennummern zu lesen sind. Zwei der Häftlingsbaracken wurden aus übriggebliebenen Originalteilen wiederaufgebaut, um den Besuchern die Unterbringung und Lebensverhältnisse der Gefangenen zu veranschaulichen. In einer der beiden Baracken befindet sich eine kleine Sonderausstellung, die das Schicksal der jüdischen Häftlinge nachzeichnet.

Erhalten geblieben sind auch die Gebäude der Lagerwäscherei und der Lagerküche sowie ein Flügel des ehemaligen Lagergefängnisses, des sogenannten „Zellenbaus". In der Wäscherei befindet sich heute ein Versammlungsraum für Vorträge und Filmvorführungen. Die einstige Küche beherbergt ein Museum, dessen Besuch unbedingt zu empfehlen ist, weil hier anhand zahlreicher Originalstücke und umfangreicher erläuternder Materialien die Geschichte des Lagers Sachsenhausen bis zur Befreiung im April 1945 überaus anschaulich und eindringlich dargestellt wird. Wer das Lagermuseum besucht, sollte sich jedoch die Zeit nehmen, sich auch im einzelnen mit der Vielzahl der Exponate zu beschäftigen.

Betroffen stehen die Besucher dann bei ihrem Rundgang Gedenkstäte schließlich vor den Fundamenten und Überresten der Vernichtungsanlage der „Station Z" und des Erschießungsgrabens, der noch vollständig erhalten ist. Die Grundmauern des Krematoriums und die noch vorhandenen Teile der Verbrennungsöfen werden heute von einem Betondach auf neun Meter hohen Betonpfeilern überragt

— eine offene Gedenkhalle. Ein Gedenkstein, der 1971 von Vertretern der UdSSR und der DDR enthüllt wurde, erinnert an die unter nationalsozialistischer Herrschaft in Sachsenhausen ermordeten sowjetischen Kriegsgefangenen. Für alle im Lager getöteten oder umgekommenen Häftlinge wurde darüber hinaus eine Kreuzmauer errichtet, die an die von den Opfern erlittenen Leiden erinnern soll.

Spuren der Vergangenheit sind jedoch nicht nur innerhalb der Nationalen Mahn- und Gedenkstätte Sachsenhausen zu finden, sondern auch in deren Umgebung. So sind zum Beispiel die Stationen des Weges, den die Gefangenen von Sachsenhausen bei ihrem berüchtigten Todesmarsch in Richtung Ostsee im April 1945 beschreiten mußten, bis Schwerin durch Gedenktafeln besonders gekennzeichnet. Im Wald von Below (Kreis Mecklenburg) steht an der Stelle, wo Hunderte von Häftlingen, die während des Marsches von der SS erschossen wurden, ihre letzte Ruhestätte fanden, ein Museum, das 1981 errichtet wurde.

Wer die Gedenkstätte Sachsenhausen besuchen und vielleicht auch der Route des Todesmarsches folgen möchte, braucht mindestens einen halben Tag Zeit für diese „Reise in die Vergangenheit". Allein der Rundgang durch den Lagerbereich Sachsenhausen und die Beschäftigung mit den Ausstellungsstücken, Fotografien und Texten im Lagermuseum nehmen mindestens vier Stunden in Anspruch. Für eine Weiterfahrt zum Todesmarschmuseum nach Below müssen dann noch weitere zwei bis drei Stunden einkalkuliert werden.

Hinweise für die Fahrt zur Nationalen Mahn- und Gedenkstätte Sachsenhausen

Die Gedenkstätte Sachsenhausen ist täglich — außer montags — von 8 Uhr bis 17.30 Uhr (1.4. - 30.9.) bzw. von 8.30 Uhr bis 17 Uhr (1.10-31.3.) geöffnet. Der Eintritt ist kostenlos.

Ein Besuch der Gedenkstätte ist jederzeit auch ohne größere Vorbereitungen möglich. Gruppen, die eine Fahrt nach Sachsenhausen planen, sollten ihren Besuch jedoch spätestens drei Wochen vor Antritt bei der NMG Sachsenhausen anmelden. Die Anschrift und die Telefonnnummer der zuständigen Anmeldestelle lauten:

Nationale Mahn- und Gedenkstätte Sachsenhausen
Pädagogische Abteilung
Straße der Nationen
O-1400 Oranienburg
Telefon: Fernamt 010 (Verbindung Oranienburg 3516 verlangen)

Bei Besuchsanmeldungen ist zu empfehlen, neben der Teilnehmerzahl auch besondere Wünsche hinsichtlich der inhaltlichen und zeitlichen Gestaltung sowie einer eventuell gewünschten Führung anzugeben.

Besuche in Sachsenhausen werden auch von den Jugendabteilungen einiger Bezirksämter in Berlin organisiert, die Termine und ortskundige Reisebegleiter vermitteln und auf Wunsch sogar Vorbereitungsseminare durchführen.

Zur Fahrtroute: Wer mit einem Pkw oder mit dem Bus reist, verläßt Berlin über Heiligensee. Zu empfehlen ist auch die Fahrt mit der S-Bahn. Die Fahrt vom Bahnhof Ostkreuz bis zur Endstation Oranienburg dauert ca. 58 Minuten. Von dort aus läßt sich die NMG Sachsenhausen bequem in etwa zwanzig Minuten zu

Fuß erreichen, indem man den Bahnhof zunächst in nördlicher Richtung verläßt und nach wenigen Metern rechts in die Straße des Friedens einbiegt; an der Ecke Schulzenstraße zeigt eine besondere Hinweistafel dann den direkten Weg zur Gedenkstätte Sachsenhausen. Um zum Todesmarschmuseum nach Below zu gelangen, ist eine Anreise mit Pkw oder Bus erforderlich.